Mediterran

ZABERT SANDMANN

Inhalt

Unendliche Vielfalt
Die typischen Zutaten

6

Step by Step
Die wichtigsten Küchentechniken

8

Suppen, Snacks & Salate
Von Gazpacho mit Paprika und Tomaten bis Zuckerschotensalat mit Orangen

10

Pizza, Pasta, Reis & Co.
Von Pizza mit Artischocken bis Börek mit Mangold und Walnüssen

32

Fisch und Fleisch
Von Thunfischsteak mit Kräutersauce bis Lammpfanne mit Gemüse

52

Desserts
Von Kastaniencrêpes mit Melone bis Zimtcreme mit Portweinfeigen

80

Unendliche Vielfalt

Die typischen Zutaten

Mit mediterranen Gerichten holt man sich in unseren Breiten gern den »sonnigen Süden« in die Küche. Doch dies ist nicht der einzige Grund, warum sich die Mittelmeerküche so großer Beliebtheit erfreut: Sie gilt zudem als eine der gesündesten Küchen der Welt. Und das nicht ohne Grund, denn es werden fast ausschließlich frische Zutaten der Region und der jeweiligen Saison verwendet. Oft stehen Gemüsegerichte und frische Salate auf dem Speisenplan. Für Abwechslung sorgen verschiedene Reis- und Nudelgerichte mit fantasievollen Saucen, kleine Fleischmahlzeiten und natürlich Fische und Meeresfrüchte, die meist schlicht gebraten oder gegrillt werden. Für den typischen Duft und das besondere Aroma sorgen Olivenöl, Knoblauch und eine Reihe frischer Kräuter wie Basilikum, Thymian und Rosmarin, die zudem zur guten Verdaulichkeit der Speisen beitragen. Um von den Vorzügen der Mittelmeerküche zu profitieren, muss man längst nicht mehr in den Süden reisen. Mittlerweile gibt es auch bei uns in jedem gut sortierten Supermarkt alles, was man zur Zubereitung der mediterranen Gerichte braucht.

1

ZITRONEN (links) sind das Allround-Talent in der Mittelmeerküche. Kaufen Sie am besten unbehandelte Früchte, dann können Sie auch die Zitronenschale verwenden.

1 VONGOLE, auch Venusmuscheln genannt, sind vor allem in Italien sehr beliebt. Sie können sie noch in der Schale beim Fischhändler kaufen oder schon ausgelöst im Glas.

2 SAFRAN ist in Farbe und Geschmack so intensiv, dass man das Gewürz nur in kleinsten Mengen verwendet. Im Handel werden Safranfäden und gemahlener Safran angeboten.

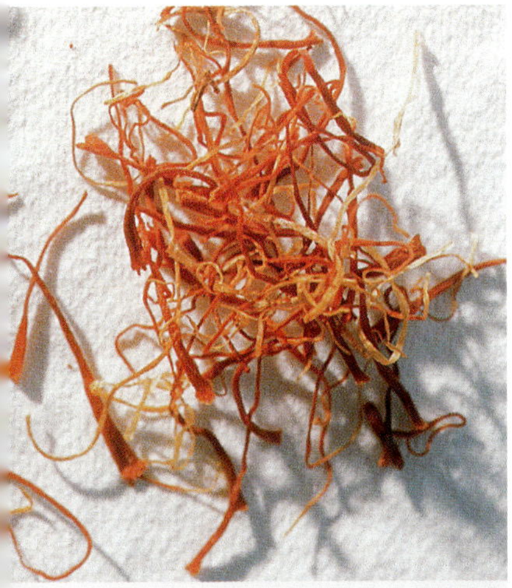

3 FETA ist in Griechenland der traditionelle Begriff für Käse aus Schaf- oder Ziegenmilch, der in einer Salzlake reift. Er ist weich, aber schnittfest und schmeckt leicht säuerlich.

4 SALBEI gehört zu den ältesten Würz- und Heilkräutern des Mittelmeerraums. Er hat einen leicht bitteren Geschmack und sollte deshalb nur sparsam verwendet werden.

5 TOMATEN werden in den Mittelmeerländern sonnengereift zu Salaten verarbeitet, aber auch eingelegt und getrocknet. Für eine Sauce können Sie statt frischer auch geschälte Tomaten aus der Dose nehmen.

6 PARMESAN ist ein würziger Hartkäse aus Kuhmilch, der im Original in der Emilia-Romagna produziert wird. Er muss 1 ½ bis 2 Jahre reifen, bevor er in den Handel kommt.

7 GRÜNER SPARGEL wächst noch wild in Portugal, hat einen etwas kräftigeren Geschmack als die weiße Sorte und ist fester im Biss.

6

7

ACETO BALSAMICO, Balsamessig, wird in der Gegend um Modena aus bestem Weißwein gewonnen. Erst ab einer Reifezeit von 3 Jahren kommt er in den Handel.

BASILIKUM schmeckt frisch-würzig und passt zu fast allen Mittelmeergerichten. Neben der großblättrigen Sorte gibt es auch eine kleinblättrige (griechisches Basilikum) zu kaufen.

COUSCOUS, Hartweizengrieß, ist das Grundnahrungsmittel der nordafrikanischen Küche. Hier wird er nicht nur als Beilage serviert, sondern auch gern als Salatzutat verwendet.

NUDELN gelten zwar als italienisches Nationalgericht, sind aber im ganzen Mittelmeerraum verbreitet. Typisch für Griechenland sind etwa Reisnudeln, die man gern für Eintöpfe verwendet.

OLIVENÖL ist ein Muss in der Mittelmeerküche. Bestes kalt gepresstes Öl trägt die Bezeichnung »Extra Vergine« bzw. »Nativ Extra«. Ebenfalls von guter Qualität sind »Vergine«- bzw. »Nativ«-Öle.

TINTENFISCH wird in der Mittelmeerküche meist gefüllt serviert oder in Ringe geschnitten frittiert. Sie können ihn frisch beim Fischhändler kaufen oder auf Tiefkühlware zurückgreifen.

Step by Step
Die wichtigsten Küchentechniken

Die meisten Rezepte der mediterranen Küche sind erfreulich unkompliziert und lassen sich ohne großen Aufwand zubereiten. Einige spezielle Küchengeräte und -techniken helfen jedoch, die Arbeit zusätzlich zu erleichtern. Wenn Sie ein echter Pasta-Fan sind und Freude daran haben, frische Nudeln selbst herzustellen, lohnt sich die Anschaffung einer Nudelmaschine. Der Teig wird mithilfe von Walzen in unterschiedlichen Stärken ausgerollt und zudem in verschiedenen Breiten nach Wunsch zu Spaghetti, Tagliatelle oder Pappardelle geschnitten. Zum Zerkleinern von Knoblauch, Nüssen oder Kräutern können Sie entweder ein schweres Messer nehmen oder einen Mörser. Besonders kalt gerührte Saucen, wie Pesto aus Basilikum, Pinienkernen, Parmesan, Knoblauch und Öl, werden traditionell im Mörser zubereitet. Das Aroma der einzelnen Zutaten kann sich so besser entfalten. Weicher Käse wie der griechische Feta lässt sich mit dem Messer in Scheiben schneiden. Zum Zerkleinern von italienischem Hartkäse wie Parmesan nimmt man dagegen besser eine spezielle, möglichst stabile Käsereibe oder einen Käsehobel.

Tomaten häuten und entkernen

1 Stielansatz der Tomaten mit einem spitzen Messer keilförmig einschneiden. Vorsichtig lösen und herausheben.

2 Haut kreuzweise einritzen und Tomaten 5 bis 10 Sekunden mit einer Schaumkelle in kochendes Wasser tauchen.

3 Tomaten herausheben und sofort unter kaltem Wasser abschrecken, damit sie nicht weich werden.

4 Tomatenschalen mit einem kleinen, spitzen Messer vorsichtig abziehen. Danach die Tomaten halbieren.

5 Das Innere mit den Kernen mit einem Teelöffel vorsichtig aus den Tomatenhälften herauslösen.

6 Die Tomatenhälften jeweils flach auf ein Schneidebrett drücken und in Streifen oder kleine Würfel schneiden.

Pizzateig zubereiten

1 Hefe mit etwas Wasser anrühren. Mehl in eine Schüssel geben, Hefe hineingeben. Mit Mehl bestäuben, gehen lassen.

2 Restliche Zutaten zum Vorteig geben, alles kräftig durchkneten. Ist der Teig zu fest, Wasser, sonst etwas Mehl zufügen.

3 Den Teig zu einer Kugel formen und an einem warmen Ort um das Doppelte aufgehen lassen. Nochmals durchkneten.

4 Teig je nach Rezept in Portionen teilen, ausrollen und in eine Form geben. Teig nochmals etwa 15 Minuten gehen lassen.

Zitronenzesten abschälen

1 Die Zitrone heiß abwaschen und trockenreiben. Mit einem Zestenreißer feine Streifen von der Schale abziehen.

2 Oder die gewaschene Zitrone mit einem Sparschäler dünn abschälen und die Schale in schmale Streifen schneiden.

Muscheln säubern und garen

1 Die Muscheln putzen. Dafür den Bart, der wie Haare aus den Muscheln heraussteht, mit einem Ruck abziehen.

2 Muscheln etwa 20 Minuten wässern, um sie vom Sand zu reinigen. Bereits geöffnete Muscheln aussortieren.

3 Die Muscheln in Wasser oder Wein bei starker Hitze garen, bis sie sich öffnen. Geschlossene Muscheln wegwerfen.

4 Das Muschelfleisch mit einer leeren Muschelschale, die als Zange verwendet wird, oder einem Messer herauslösen.

Suppen, Snacks und Salate

Gazpacho
mit Paprika und Tomaten

Aromatisch und herrlich erfrischend: Diese kalte Gemüsesuppe, ein Traditionsgericht aus Andalusien, ist das ideale Gericht für warme Sommertage

Zutaten

1 **Salatgurke**

2 vollreife **Fleischtomaten**

2 rote **Paprikaschoten**

1 **Knoblauchzehe**

ca. 350 ml **Mineralwasser**

2 TL **Rotweinessig**

5 EL **Olivenöl**

Salz · **Pfeffer** aus der Mühle

Zucker

1 EL **Petersilienblätter**

Zubereitung
FÜR 4 PERSONEN

1 Die Salatgurke schälen, der Länge nach halbieren und mit einem Löffel die Kerne entfernen. Die Tomaten überbrühen, häuten, halbieren und entkernen. Die Paprikaschoten halbieren, Stielansätze und Kerne entfernen, die Schotenhälften waschen.

2 Von Paprikaschoten, Tomaten und Gurke so viel in möglichst feine Würfel schneiden, dass es jeweils etwa einen Esslöffel ergibt. Das restliche Gemüse grob zerkleinern. Den Knoblauch schälen und sehr fein hacken.

3 Das zerkleinerte Gemüse mit Knoblauch, Mineralwasser und Rotweinessig im Mixer pürieren, dabei das Olivenöl nach und nach dazugeben. Mit Salz, Pfeffer und etwas Zucker würzen. Gegebenenfalls noch einmal mit etwas Mineralwasser verdünnen und nachwürzen. Den Gazpacho etwa 1 Stunde in den Kühlschrank stellen.

4 Die kalte Suppe mit den Gemüsewürfeln anrichten und mit Petersilie garniert servieren.

Köstlich schmeckt die kalte Gemüsesuppe mit selbst gemachten Croûtons – einfach einige Toastbrotscheiben entrinden, in Würfel schneiden und in etwas Olivenöl goldbraun braten.

Spinat-Joghurt-Suppe
mit Paprikabutter

Löffel für Löffel ein Genuss: Vor allem im östlichen Mittelmeerraum wird Joghurt gern zum Kochen verwendet – bei dieser Suppe ist sie eine der Hauptzutaten

Zutaten

500 g junge **Spinatblätter**

1 **Zwiebel**

1 ¼ l **Hühnerbrühe**

4 EL **Butter**

Salz · **Pfeffer** aus der Mühle

500 g **Joghurt**

2 EL **Mehl**

3 **Eigelb**

1 ½ EL **Zitronensaft**

1 EL **Paprikapulver** (edelsüß)

Zubereitung

FÜR 4–6 PERSONEN

1 Den Spinat verlesen, grobe Stiele entfernen. Spinat gründlich waschen und abtropfen lassen. Die Zwiebel schälen und in kleine Würfel schneiden.

2 Den Spinat in der heißen Brühe kurz aufkochen lassen. Die Spinatblätter mit einer Schaumkelle aus der Brühe nehmen, ausdrücken, etwas abkühlen lassen und dann klein schneiden.

3 Die Hälfte der Butter in einem Topf zerlassen und die Zwiebelwürfel darin glasig dünsten. Den zerkleinerten Spinat und die Brühe dazugeben, mit Salz und Pfeffer würzen. Alles 15 Minuten zugedeckt köcheln lassen.

4 Joghurt, Mehl, Eigelb und Zitronensaft in einer Schüssel glatt rühren und durch ein Sieb in die Suppe passieren. Gut mit der Suppe verrühren und bei schwächster Hitze 10 Minuten weiterköcheln lassen.

5 Die restliche Butter in einer Pfanne zerlassen und das Paprikapulver hineinrühren. Die Suppe in tiefe Teller füllen und vor dem Servieren mit der Paprikabutter beträufeln.

Am besten schmeckt die Suppe mit frischen Spinatblättern, man kann aber auch tiefgekühlte verwenden. Den Spinat dann direkt in die heiße Hühnerbrühe geben, etwa 10 Minuten köcheln lassen.

Ribollita
mit Parmesanbrot

Ein deftiger Sattmacher: Die berühmte Bohnensuppe aus der Toskana heißt übersetzt »die Wiedergekochte« – weil sie aufgewärmt noch besser schmeckt

Zutaten

300 g getrocknete weiße **Bohnen**

2 **Zwiebeln**

3 **Knoblauchzehen** · 1 **Möhre**

2 Stangen **Lauch**

2 Stangen **Staudensellerie**

1 Zweig **Rosmarin**

100 ml **Olivenöl**

1 l **Fleischbrühe**

½ Bund **Thymian**

Salz · **Pfeffer** aus der Mühle

8 kleine Scheiben **Weißbrot**

60 g frisch geriebener **Parmesan**

Zubereitung

FÜR 4 PERSONEN

1 Die Bohnen etwa 8 Stunden mit Wasser bedeckt quellen lassen. Dann abgießen, dabei ½ l Einweichwasser auffangen.

2 Zwiebeln und Knoblauch schälen. Je 1 Zwiebel und Knoblauchzehe fein hacken. Möhre, Lauch und Sellerie putzen, waschen und in Würfel schneiden. Den Rosmarin waschen und trockentupfen, die Nadeln von den Stielen zupfen.

3 In einem großen Topf 2 EL Olivenöl erhitzen. Zwiebeln, Knoblauch und Gemüse darin andünsten, bis sie leicht gebräunt sind. Die Bohnen mit Einweichwasser, Brühe und Rosmarin dazugeben. Alles bei mittlerer Hitze 1 bis 1 ½ Stunden köcheln lassen.

4 Den restlichen Knoblauch durch die Presse drücken. Thymian waschen und trockenschütteln, die Blättchen von den Stielen zupfen. Beides mit dem restlichen Olivenöl mischen. Die restliche Zwiebel in Ringe schneiden.

5 Die Bohnensuppe mit Salz und Pfeffer sowie der halben Menge des gewürzten Öls mischen. Den Backofen auf 200 °C vorheizen.

6 Die Weißbrotscheiben mit den Zwiebelringen belegen und mit dem Parmesan bestreuen, das restliche Öl darüber träufeln. Die Suppe in einen großen feuerfesten Topf füllen, die Brotscheiben darauf legen. Die Suppe im heißen Ofen etwa 25 Minuten überbacken, bis die Zwiebeln und der Käse leicht gebräunt sind.

Bruschetta
mit Tomaten

Zubereitung
FÜR 4 PERSONEN

1 Den Backofen auf 250 °C vorheizen. Die Knoblauchzehen schälen und halbieren. Die Tomaten überbrühen, häuten, halbieren und entkernen. Das Fruchtfleisch in kleine Würfel schneiden.

2 Das Basilikum waschen und trockenschütteln. Die Blätter von den Stielen zupfen und in feine Streifen schneiden.

3 Die Tomatenstücke und die Basilikumstreifen mischen, mit Salz und Pfeffer kräftig würzen.

4 Die Brotscheiben im vorgeheizten Backofen auf der obersten Schiene goldbraun rösten.

5 Die heißen Brotscheiben mit den Schnittflächen der Knoblauchzehen einreiben und anschließend großzügig mit Olivenöl beträufeln.

6 Die Brotscheiben mit den Tomatenwürfeln belegen und sofort servieren.

Zutaten

2 **Knoblauchzehen**

2 **Fleischtomaten**

einige Stiele **Basilikum**

Salz · **Pfeffer** aus der Mühle

8 Scheiben **Landbrot**

4 EL **Olivenöl**

Zutaten

8 Scheiben **Landbrot**

1 **Knoblauchzehe**

je 1 Bund glatte **Petersilie** und **Basilikum**

5 EL **Olivenöl**

Salz · **Pfeffer** aus der Mühle

2 **Avocados**

2 EL **Zitronensaft**

Crostini mit Avocado

Zubereitung

FÜR 4 PERSONEN

1 Den Backofen auf 250 °C vorheizen. Die Brotscheiben auf der obersten Schiene 10 Minuten im Backofen rösten.

2 Den Knoblauch schälen und fein hacken. Petersilie und Basilikum waschen, trockenschütteln und grob zerkleinern. Knoblauch und Kräuter mit Olivenöl pürieren, mit Salz und Pfeffer abschmecken.

3 Die Avocados halbieren, entkernen und schälen. Das Fruchtfleisch in Würfel schneiden und sofort mit Zitronensaft beträufeln.

4 Das Kräuterpüree auf die gerösteten Brotscheiben streichen. Die Avocadowürfel darauf verteilen, Pfeffer grob darüber mahlen und servieren.

Paprika-Omelett
mit Tomaten und Oliven

Einfach und doch **raffiniert:** Deftige Tortillas mit Kräutern und Gemüse kommen in Spanien in unzähligen **Variationen** auf den Tisch

Zutaten

je 1 rote, gelbe und grüne **Papikaschote**

2 **Zwiebeln**

2 **Knoblauchzehen**

2 EL schwarze **Oliven** (ohne Stein)

2 **Fleischtomaten**

4 EL **Olivenöl**

Salz · **Pfeffer** aus der Mühle

½ TL gehackte **Thymianblätter**

5 **Eier**

Zubereitung

FÜR 4 PERSONEN

1 Die Paprikaschoten längs halbieren, Kerne und Trennwände entfernen. Die Schotenhälften waschen und in feine Streifen schneiden. Zwiebeln und Knoblauchzehen schälen, die Zwiebeln in Ringe schneiden, den Knoblauch fein hacken. Die Oliven in Scheiben schneiden. Die Fleischtomaten überbrühen, häuten, halbieren, entkernen und in kleine Stücke schneiden.

2 Die Hälfte des Olivenöls in einer beschichteten Pfanne erhitzen, Paprika, Zwiebeln und Knoblauch darin unter Rühren bei mittlerer Hitze andünsten. Die Tomatenstücke dazugeben, mit Salz, Pfeffer und Thymian würzen. Nun das Gemüse weich dünsten, es sollte auf keinen Fall bräunen.

3 Die Eier schaumig schlagen und gleichmäßig über dem Gemüse verteilen. Behutsam mit einem Löffel rühren, bis die Eiermasse zu stocken beginnt. Die Eier zugedeckt bei schwacher Hitze garen.

4 Das Omelett mithilfe eines Tellers wenden. Das restliche Olivenöl in die Pfanne geben und auch die zweite Seite goldgelb braten. Das Omelett in Stücke schneiden und nach Belieben mit frischen Kräutern bestreut servieren.

Anstelle der Paprikaschoten können Sie auch in Scheiben geschnittene Zucchini verwenden. Das Omelett wird noch herzhafter, wenn Sie unter die Eiermasse etwas geriebenen Käse rühren.

Gefüllte Tomaten
mit Couscous

So schmeckt der Süden: Pikant gewürzter Couscous und sonnengereifte Tomaten sorgen für Urlaubsstimmung in der Küche

Zutaten

200 ml **Gemüsebrühe**

1 EL **Öl**

100 g **Couscous**

4 kleine **Fleischtomaten**

2 **Frühlingszwiebeln**

3 EL gehackte **Petersilie**

¼ TL **Cumin** (Kreuzkümmel)

Salz · **Pfeffer** aus der Mühle

3 EL fettarmer **Joghurt**

Zubereitung

FÜR 4 PERSONEN

1 In einem kleinen Topf die Gemüsebrühe mit dem Öl aufkochen lassen. Couscous hineinrühren und zugedeckt bei schwacher Hitze etwa 10 Minuten ausquellen lassen.

2 Die Tomaten waschen und trockentupfen. Von jeder Tomate einen Deckel abschneiden und die Tomaten vorsichtig aushöhlen. Die Deckel und das ausgelöste Tomatenfleisch fein würfeln.

3 Die Frühlingszwiebeln putzen, waschen und sehr fein würfeln. Mit den Tomatenwürfeln und 2 EL gehackter Petersilie unter den Couscous mischen. Mit Cumin, Salz und Pfeffer abschmecken. Zum Schluss den Joghurt unterrühren.

4 Die vorbereiteten Tomaten mit der Couscousmischung füllen. Mit der restlichen Petersilie garniert servieren.

Auf gleiche Weise wie die Tomaten können auch Salatgurken gefüllt werden. Dafür 2 kleine Gurken halbieren und aushöhlen, das Fruchtfleisch klein schneiden und mit den restlichen Zutaten mischen.

Weinblätter mit Hackfleischfüllung

Zubereitung

FÜR 6–8 PERSONEN

1 Die Zwiebel schälen und in feine Würfel schneiden. Die Knoblauchzehen schälen und fein hacken, die Oliven halbieren, entsteinen und ebenfalls fein hacken. Die vorbereiteten Zutaten mit dem gehackten Lammfleisch und dem abgekühlten Reis zu einem Fleischteig verkneten. Mit Salz, Pfeffer und Thymian kräftig würzen.

2 Die Weinblätter abwaschen, kurz in kochendes Wasser tauchen, abtropfen lassen und nebeneinander auf Küchenpapier ausbreiten.

3 Mit einem Teelöffel etwas von der Hackfleischfüllung jeweils in die Mitte der Weinblätter geben, die beiden Querseiten einschlagen und aufrollen. Die gefüllten Weinblätter dicht nebeneinander in einen Topf schichten.

4 Den Zitronensaft mit dem Kalbsfond vermischen, über die Röllchen gießen und mit einem Teller beschweren. Bei schwacher Hitze gut 1 Stunde gar dünsten, die Flüssigkeit muss völlig aufgesogen sein. Nach Belieben warm oder kalt mit Zitronenscheiben servieren.

Zutaten

1 **Zwiebel**

2 **Knoblauchzehen**

5 schwarze **Oliven**

250 g gehacktes **Lammfleisch**

3 EL gegarter **Reis**

Salz · **Pfeffer** aus der Mühle

½ TL gerebelter **Thymian**

250 g eingelegte **Weinblätter**

3 EL **Zitronensaft**

¼ l **Kalbsfond**

einige **Zitronenscheiben**

Zutaten

250 g getrocknete **Kichererbsen**

2 **Knoblauchzehen**

1 Bund glatte **Petersilie**

Saft von ½ **Zitrone**

½ TL **Paprikapulver** (edelsüß)

100 g **Sesamsamen**

Salz · **Pfeffer** aus der Mühle

4 EL **Olivenöl**

1 kleines Stück **Salatgurke**

2–3 EL schwarze **Oliven**

Kichererbsenmus
mit Gurken und Oliven

Zubereitung
FÜR 4 PERSONEN

1 Kichererbsen in reichlich Wasser über Nacht einweichen. Dann mit dem Einweichwasser in einem Topf etwa 1 Stunde bei schwacher Hitze kochen. Von der Kochstelle nehmen und abkühlen lassen. Kichererbsen abgießen.

2 Den Knoblauch schälen und grob hacken. Die Petersilie waschen und trockenschütteln, die Blätter von den Stielen zupfen. Einige Petersilienblätter für die Dekoration beiseite legen. Die restliche Petersilie mit dem Knoblauch, den Kichererbsen, dem Zitronensaft, Paprikapulver, Sesam, Salz, Pfeffer und dem Olivenöl pürieren.

3 Das Kichererbsenpüree auf Tellern anrichten und jeweils eine kleine Vertiefung hineindrücken. Nach Belieben etwas Olivenöl hineinträufeln. Das Gurkenstück waschen und in dünne Scheiben schneiden. Das Kichererbsenpüree mit Gurkenscheiben, schwarzen Oliven und Petersilienblättchen garniert servieren.

Brotsalat
mit Tomaten und Zwiebeln

Leicht und sommerlich: Mit nur wenigen Zutaten ist im Handumdrehen ein köstlicher Salat zubereitet, wie ihn nicht nur die Italiener lieben

Zutaten

500 g **Tomaten**

½ **Ciabatta** (italienisches Weißbrot) vom Vortag

1 rote **Zwiebel**

2 **Knoblauchzehen**

200 ml **Olivenöl**

4 EL **Rotweinessig**

Salz · **Pfeffer** aus der Mühle

½ Bund **Basilikum**

Zubereitung

FÜR 4 PERSONEN

1 Die Tomaten waschen und vierteln, dabei die Stielansätze entfernen. Mit einem kleinen Löffel die Kerne entfernen und die Tomate in Spalten oder grobe Würfel schneiden.

2 Das Weißbrot erst in Scheiben, dann in grobe Würfel schneiden und in eine Schüssel geben. Die Zwiebel schälen, längs halbieren und in Streifen schneiden.

3 Die Knoblauchzehen schälen und durch die Presse drücken. Mit Olivenöl, Rotweinessig, Salz und Pfeffer zu einer Marinade verrühren.

4 Die Marinade über die Brotwürfel geben, Zwiebeln und Tomaten unterheben. Alles 2 Stunden ziehen lassen. Basilikum waschen und trockenschütteln, die Blätter von den Stielen zupfen. Den Brotsalat mit dem Basilikum garniert servieren.

Panzanella, wie der Brotsalat auf Italienisch genannt wird, gibt es in vielen verschiedenen Variationen. Man kann auch noch Paprikastücke, fein gehackte Rucolablätter und Kapern dazugeben.

Nizza-Salat
mit Kapern und Eiern

Zubereitung
FÜR 4 PERSONEN

1 Von den Bohnen die Enden abknipsen. Bohnen waschen und in kochendem Salzwasser – je nach Sorte – 10 bis 15 Minuten bissfest kochen, abgießen und abschrecken.

2 Die Tomaten waschen, von den Stielansätzen befreien und grob würfeln. Gurke, Zwiebeln und Eier schälen. Die Gurke in Würfel, die Zwiebeln in Ringe schneiden. Die Kartoffeln ebenso wie die Eier in feine Würfel schneiden. Die Knoblauchzehe schälen, halbieren und eine Salatschüssel damit ausreiben.

3 Die Bohnen und die restlichen vorbereiteten Salatzutaten in die Schüssel geben, die Oliven und die Kapern sorgfältig untermischen.

4 Olivenöl, Essig, Senf, Salz und Pfeffer zu einer Vinaigrette verrühren und den Salat damit marinieren. Die Salatblätter waschen und trockenschleudern und den Nizza-Salat darauf anrichten. Nach Belieben mit frischen Kräutern (z. B. Thymian) garnieren.

Zutaten

150 g grüne **Bohnen** · **Salz**

4 **Tomaten** · 1 kleine **Salatgurke**

2 rote **Zwiebeln** · 4 hart gekochte **Eier**

2 geschälte, gekochte **Kartoffeln**

1 **Knoblauchzehe**

je 50 g grüne und schwarze **Oliven**

2 EL eingelegte **Kapern** · 6 EL **Olivenöl**

3–4 EL **Rotweinessig** · 1 TL **Dijon-Senf**

Salz · **Pfeffer** aus der Mühle

1 Hand voll **Salatblätter** (nach Wahl)

Zutaten

¼ l **Weißwein** · 1 große **Zwiebel**

1 Zweig **Thymian** · 1 **Lorbeerblatt**

Salz · 6–8 **Pfefferkörner**

250 g kleine **Tintenfische** (aus dem Glas)

250 g **Miesmuscheln** (aus dem Glas)

250 g **Venusmuscheln** (aus dem Glas)

250 g **Garnelen** (küchenfertig)

1 **Knoblauchzehe**

1 EL **Schalottenessig**

Saft von ½ **Zitrone**

5 EL **Olivenöl**

½ Bund glatte **Petersilie**

Meeresfrüchtesalat mit Schalottenessig

Zubereitung

FÜR 4 PERSONEN

1 Den Wein mit 1 l Wasser in einen Topf geben. Die Zwiebel schälen und in grobe Stücke schneiden. Mit Thymian, Lorbeer, Salz und Pfeffer zu dem Weingemisch geben und aufkochen.

2 Die Tintenfische und Muscheln in ein Sieb abgießen, kurz abtropfen lassen. Zunächst die Tintenfische im Weingemisch 5 Minuten ziehen lassen, herausheben. Muscheln und Garnelen hineingeben, 2 bis 4 Minuten ziehen lassen.

3 Muscheln und Garnelen aus dem Sud herausheben, mit den Tintenfischen in eine Schüssel geben. Den Knoblauch schälen und fein hacken, mit Essig, Zitronensaft, Olivenöl und Salz zu einer Marinade verrühren.

4 Meeresfrüchte mit der Marinade begießen, ⅛ l Weinsud unterrühren und 30 Minuten ziehen lassen. Die Petersilie waschen und trockenschütteln, die Blätter von den Stielen zupfen und hacken. Den Salat damit bestreuen.

Zuckerschotensalat
mit Orangen und Oliven

Knackig und **frisch**: Zuckerschoten und fruchtige Orangen ergeben eine köstliche Vitaminbombe, an der man sich am liebsten bereits **satt** essen möchte

Zutaten

400 g **Zuckerschoten**

Salz

2 **Orangen**

2 rote **Zwiebeln**

2 EL **Weißweinessig**

4 EL **Olivenöl**

Pfeffer aus der Mühle

je einige Stiele glatte **Petersilie** und **Zitronenmelisse**

100 g schwarze **Oliven**

Zubereitung

FÜR 4 PERSONEN

1 Die Zuckerschoten putzen, waschen und in kochendem Salzwasser etwa 4 Minuten blanchieren. Dann in ein Sieb abgießen und eiskalt abschrecken.

2 Die Orangen so schälen, dass die weiße Haut vollständig entfernt wird. Die Früchte der Länge nach halbieren und in dünne Scheiben schneiden. Die Zwiebeln schälen und der Länge nach in Spalten schneiden.

3 Essig, Olivenöl, Salz und Pfeffer zu einer Marinade verrühren. Die Kräuter waschen und trockenschütteln, die Blätter von den Stielen zupfen.

4 Die Zuckerschoten mit den Zwiebelspalten, den Oliven, den Orangenstücken und den Kräutern anrichten, die Marinade darüber geben. Den Zuckerschotensalat am besten mit knusprigem Fladenbrot servieren.

Die Zuckerschoten sollten möglichst frisch sein, dann schmecken sie besonders fein. Immer nur kurz blanchieren, da sie durch zu langes Kochen ihre grüne Farbe, Biss und Aroma verlieren.

Pizza, Pasta, Reis & Co.

Pizza
mit Artischocken

Das Geheimnis dieser Pizza: Ein krosser Boden, feines Gemüse, eine würzige Tomatensauce und zart schmelzender Mozzarella

Zutaten

Für den Teig:

250 g **Mehl**

20 g frische **Hefe**

4 EL **Olivenöl** · **Salz**

Für den Belag:

400 g **Tomaten** · 3 EL **Olivenöl**

Salz · **Pfeffer** aus der Mühle

150 g **Mozzarella**

1 kleines Glas eingelegte

Artischockenherzen

(240 g Abtropfgewicht)

1 **Zucchino**

3 EL **schwarze Oliven**

einige **Basilikumblätter**

Zubereitung

FÜR 2 PERSONEN

1 Für den Pizzateig das Mehl in eine Schüssel sieben, in die Mitte eine Mulde drücken. Die Hefe zerbröckeln, mit etwas lauwarmem Wasser verrühren und in die Mulde gießen. Mit etwas Mehl bestäuben und zugedeckt 15 Minuten gehen lassen.

2 Dann knapp ⅛ l Wasser, Olivenöl und Salz dazugeben und alles mit der Hand oder mit den Knethaken des Handrührgeräts verkneten, bis sich der Teig vom Schüsselrand löst. Mit Mehl bestäuben und 1 Stunde zugedeckt gehen lassen.

3 Für den Belag inzwischen die Tomaten waschen, 2 Tomaten beiseite legen. Die restlichen überbrühen, häuten, halbieren und entkernen, das Fruchtfleisch in kleine Würfel schneiden. 1 EL Olivenöl erhitzen und die Tomatenwürfel darin einkochen lassen, kräftig mit Salz und Pfeffer würzen.

4 Die beiseite gelegten Tomaten ebenso wie den Mozzarella in feine Scheiben schneiden. Die Artischockenherzen gut abtropfen lassen und halbieren. Den Zucchino putzen, waschen und der Länge nach halbieren. Die Zucchinihälften in dünne Scheiben schneiden. Den Backofen auf 250 °C vorheizen.

5 Zwei Pizzaformen einölen. Den Teig gut durchkneten und halbieren. Jeweils rund ausrollen und die Formen damit auslegen, dabei einen dickeren Rand formen. Die Tomatensauce auf dem Teig verteilen. Mit Artischocken, Tomaten-, Zucchini- und Mozzarellascheiben sowie Oliven belegen, das restliche Olivenöl darüber träufeln. Die Pizzen im heißen Ofen auf der mittleren Schiene 15 Minuten backen, bis der Käse zerläuft. Mit Basilikum garniert servieren.

Mini-Polenta-Pizzen
mit Pilzen und Paprika

Goldgelb und knusprig: Gekochter Maisgrieß, wie eine Pizza pikant belegt – ein origineller Snack, der vor allem im Norden Italiens die Genießer erfreut

Zutaten

Salz · 300 g **Polenta** (Maisgrieß)

400 g **Tomaten** · 1 **Knoblauchzehe**

6 EL **Olivenöl**

1 TL getrockneter **Oregano**

Pfeffer aus der Mühle

1 grüne **Paprikaschote**

75 g **Champignons**

75 g **Mozzarella**

50 g **Salami** (in Scheiben)

50 g schwarze **Oliven**

1 TL **Pesto** (aus dem Glas)

Zubereitung
FÜR 4 PERSONEN

1 In einem hohen Topf 1 l Wasser mit 1 TL Salz aufkochen lassen. Polenta einrühren und bei schwächster Hitze etwa 20 Minuten garen, dabei häufiger umrühren. Polenta dann auf Alufolie zu einer Rolle formen und etwa 1 Stunde abkühlen lassen.

2 Inzwischen die Tomaten überbrühen, häuten, halbieren und entkernen, das Fruchtfleisch in kleine Würfel schneiden. Den Knoblauch schälen und fein hacken. 2 EL Olivenöl erhitzen, den Knoblauch und die Tomaten darin andünsten. Dann 6 bis 8 Minuten bei schwacher Hitze zu einem Sugo einkochen lassen. Mit Oregano, Salz und Pfeffer würzen.

3 Die Paprika längs halbieren und entkernen. Die Hälften waschen und in Streifen schneiden. Champignons putzen und in feine Scheiben schneiden. Die fest gewordene Polenta in etwa 2 cm dicke Scheiben schneiden. In 2 EL Öl bei starker Hitze von beiden Seiten 6 bis 8 Minuten anbraten, dann in eine feuerfeste Form legen.

4 Die Paprikastreifen in 1 EL Öl anbraten, die Champignons dazugeben und 4 Minuten weiterbraten. Das Gemüse von der Kochstelle nehmen und beiseite stellen. Den Mozzarella fein zerkleinern.

5 Den Backofengrill vorheizen. Die Tomatensauce auf den Polentascheiben verteilen, mit Paprika, Pilzen oder Salami sowie mit Oliven und Mozzarella belegen. Pesto mit dem restlichen Öl verrühren und über die Mini-Pizzen träufeln. Die Polenta-Pizzen im Ofen 3 bis 4 Minuten grillen, bis der Käse zerläuft. Nach Belieben mit einem kleinen Salat servieren.

Türkische Pizza
mit Hackfleisch

Einfach köstlich: Herzhaft belegte Teigschiffchen werden in der Türkei gern als kleines Zwischengericht mit einer erfrischenden Joghurtsauce gegessen

Zutaten

Für den Teig:

20 g **Hefe** · 1 Prise **Zucker**

400 g **Mehl** · ½ TL **Salz**

1 EL **Öl** · 2 EL **Joghurt**

Für den Belag:

2 rote **Paprikaschoten**

1 Bund **Thymian**

2–3 große **Zwiebeln**

200 g **Schafskäse** (Feta)

2 EL **Öl**

250 g **Rinderhackfleisch**

Pfeffer aus der Mühle

1 EL **Schwarzkümmelsamen**

Zubereitung

FÜR 4 PERSONEN

1 Die Hefe mit Zucker und 150 ml lauwarmem Wasser anrühren, mit Mehl, Salz, Öl und Joghurt zu einem glatten Teig verkneten. An einem warmen Ort etwa 1 Stunde zugedeckt gehen lassen.

2 Für den Belag die Paprikaschoten längs halbieren und entkernen, die Hälften waschen und in kleine Würfel schneiden. Den Thymian waschen und trockenschütteln, die Blättchen von den Stielen streifen und grob hacken.

3 Die Zwiebeln schälen und längs in Spalten schneiden. Den Schafskäse zerkrümeln. Das Öl erhitzen und das Hackfleisch darin anbraten, mit Salz und Pfeffer würzen.

4 Den Backofen auf 225 °C vorheizen. Den Hefeteig kräftig durchkneten, in 8 Portionen teilen und jede Portion zu einem ovalen Fladen formen. Die Fladen mit Hackfleisch, Käse, Zwiebeln und Paprika belegen. Mit Thymian und Schwarzkümmel bestreuen, salzen und pfeffern.

5 Die Ränder der Teigfladen der Länge nach etwas hochklappen, sodass kleine Schiffchen entstehen. Die Pizzen im heißen Ofen auf der mittleren Schiene etwa 20 Minuten backen.

Zu den knusprigen türkischen Pizzen schmeckt eine Joghurtsauce sehr gut. Dafür 1 Becher Joghurt mit etwas Wasser verrühren, salzen, pfeffern und mit Cumin (Kreuzkümmel) abschmecken.

Spaghetti mit Pesto

Zubereitung

FÜR 4 PERSONEN

1 Für das Pesto die Pinienkerne in einer Pfanne ohne Fett goldbraun rösten und abkühlen lassen. Basilikum waschen und trockenschütteln, die Blätter von den Stielen zupfen und – bis auf einige für die Dekoration – grob zerkleinern. Den Parmesan reiben. Die Knoblauchzehen schälen und halbieren.

2 Pinienkerne, Basilikum und Knoblauch im Mörser mit einem Stößel zerreiben. Dabei nach und nach abwechselnd Salz, Olivenöl und Parmesan hinzufügen. So lange bearbeiten, bis eine cremige Masse entsteht. Das Pesto mit Pfeffer würzen. Wer keinen Mörser zur Hand hat, kann das Pesto genauso gut im Küchenmixer fein pürieren.

3 Die Spaghetti in reichlich kochendem Salzwasser nach Packungsanweisung bissfest garen. In ein Sieb abgießen und abtropfen lassen. Die Spaghetti in einer Schüssel mit dem Pesto vermischen. Mit Basilikumblättern garnieren, sofort servieren. Nach Belieben Parmesan dazu reichen.

Zutaten

30 g **Pinienkerne**

2 Bund **Basilikum**

50 g **Parmesan** (am Stück)

2–3 **Knoblauchzehen**

1 EL grobes **Meersalz**

6–8 EL **Olivenöl**

Pfeffer aus der Mühle

400 g **Spaghetti** · **Salz**

Zutaten

2 große **Zwiebeln**

2–3 **Knoblauchzehen** · 5 EL **Olivenöl**

je 3 Zweige **Thymian**,

Rosmarin und **Oregano**

2 getrocknete **Peperoncini**

2 kleine Dosen geschälte **Tomaten**

(à 250 g Abtropfgewicht)

¼ l **Fleischbrühe**

Salz · **Pfeffer** aus der Mühle

400 g **Linguine**

80 g **Pecorino** (am Stück)

einige **Basilikumblätter**

Linguine mit Tomatensauce

Zubereitung

FÜR 4 PERSONEN

1 Die Zwiebeln und die Knoblauchzehen schälen und in Würfel schneiden. Das Olivenöl erhitzen, die Zwiebel- und Knoblauchwürfel darin glasig dünsten.

2 Die Kräuterzweige waschen und trockenschütteln, die Blättchen bzw. Nadeln von den Stielen zupfen oder abstreifen und grob hacken. Die Peperoncini zerbröseln. Die Tomaten abgießen und im Sieb mit einer Gabel grob zerkleinern, den Saft auffangen.

3 Kräuter, Peperoncini und Tomaten mit Saft zum Zwiebel-Knoblauch-Gemisch geben. Die Brühe aufgießen, salzen, pfeffern und bei schwacher Hitze etwa 45 Minuten köcheln lassen.

4 Die Linguine in reichlich kochendem Salzwasser nach Packungsanweisung bissfest garen. Mit der Tomatensauce mischen und mit geriebenem Pecorino bestreuen. Mit Basilikum und Pecorinostücken garniert servieren.

Grüne Lasagne
mit Tomaten und Mozzarella

Pasta-Vergnügen à la Italia: Der Klassiker ohne Fleisch – ein heißer Favorit aus dem Backofen, knusprig gebacken und Schicht für Schicht ein Genuss

Zutaten

1 ½ Bund **Basilikum**

300 g **Weizenmehl** (Type 405)

Salz · 3 **Eier**

2 EL **Basilico-Öl**

1 kg vollreife **Fleischtomaten**

2 Kugeln **Mozzarella**

4 EL **Olivenöl**

Pfeffer aus der Mühle

300 g **Ricotta**

100 g **Panna cucina** (Kochsahne)

100 g frisch geriebener **Parmesan**

Fett für die Form

Zubereitung

FÜR 6–8 PERSONEN

1 Basilikum waschen und trockenschütteln, die Blätter von den Stielen zupfen und fein hacken. Mehl und ½ TL Salz auf ein Backbrett häufen, in die Mitte eine Mulde drücken. Eier, Öl und 2 EL gehackte Basilikumblätter hineingeben. Zunächst mit etwas Mehl verquirlen, dann mit den Handballen so lange durchkneten, bis ein glatter Teig entsteht. Den Teig zu einer Kugel formen, mit einem Tuch bedecken und etwa 30 Minuten ruhen lassen.

2 Den Teig durchkneten, dünn ausrollen und in 6 Teigplatten schneiden, die der Größe der Auflaufform entsprechen. Die Lasagneplatten etwa 2 Minuten in reichlich Salzwasser kochen, dann in kaltem Wasser abschrecken und nebeneinander auf einem feuchten Küchentuch ausbreiten. Den Backofen auf 200 °C vorheizen.

3 Für die Tomatenfüllung die Tomaten überbrühen, häuten, halbieren und entkernen, das Fruchtfleisch klein schneiden. Den Mozzarella in Würfel schneiden. Tomaten- und Mozzarellawürfel, das restliche Basilikum und das Olivenöl vermischen, mit Salz und Pfeffer kräftig würzen.

4 Für die Ricottafüllung den Ricotta mit Panna cucina und 60 g Parmesan glatt rühren, mit Salz und Pfeffer würzen.

5 Die gefettete Form mit einer Teigplatte auslegen, ein Drittel der Tomatenfüllung darauf verteilen, mit einer weiteren Lasagneplatte bedecken und ein Drittel der Ricottamasse darauf geben. Den Vorgang wiederholen, mit Tomatenfüllung abschließen. Mit dem restlichen Parmesan bestreuen. Im vorgeheizten Ofen auf der mittleren Schiene in etwa 20 Minuten goldbraun überbacken.

Spinatstrudel mit Schafskäse

Genießen wie in Griechenland: In einer knusprigen Filloteighülle wird die saftige Gemüse-Käse-Füllung zur köstlichen Versuchung

Zutaten

280 g doppelgriffiges **Mehl**

(z. B. Wiener Grießler)

Salz

2 **Eier** · 3 EL **Öl**

300 g **Blattspinat** (tiefgekühlt)

1 **Zwiebel**

250 g **Schafskäse** (Feta)

½ Bund **Dill**

½ Bund glatte **Petersilie**

Fett für die Form

4 EL flüssige **Butter**

Zubereitung

FÜR 4 PERSONEN

1 Mehl und ½ TL Salz auf ein Backbrett geben. In die Mitte eine Mulde drücken, die Eier und das Öl hineingeben. Zuerst mit etwas Mehl verquirlen, dann ⅛ l lauwarmes Wasser dazugießen und mit den Handballen so lange durchkneten, bis der Teig elastisch wird. Den Teig zu einer Kugel formen, eine angewärmte Porzellanschüssel darüber setzen und den Teig 30 Minuten ruhen lassen.

2 Den Blattspinat nach Packungsanweisung auftauen lassen. Die Zwiebel schälen und in feine Würfel schneiden. Den Schafskäse reiben oder fein zerkleinern. Die Kräuter waschen, trockenschütteln und fein hacken. Zwiebelwürfel, Käse, Dill und Petersilie unter den Spinat mischen. Den Backofen auf 180 °C vorheizen.

3 Den Teig hauchdünn ausrollen (oder mit bemehlten Händen ausziehen) und 4 Teigblätter in der Größe einer rechteckigen Auflauf- oder Backform ausschneiden. Zwei Teigblätter in die Form legen, mit 2 EL Butter bestreichen. Die Füllung darauf geben und mit den restlichen Teigblättern bedecken. Mit der Butter bestreichen und im heißen Ofen auf der mittleren Schiene in etwa 30 Minuten goldbraun backen.

Wenn es einmal schnell gehen soll, kann man den Spinatstrudel auch mit fertigem Filloteig zubereiten, den man in türkischen Lebensmittelläden und gut sortierten Supermärkten bekommt.

Risotto
mit Spargel und Garnelen

Zubereitung
FÜR 4 PERSONEN

1 Den Spargel waschen, die Enden kürzen und die Stangen in 4 cm lange Stücke schneiden. Die Scampi aus den Schalen brechen. Die Schalotten schälen und fein würfeln.

2 In einem Topf 2 EL Olivenöl erhitzen und die Schalotten darin glasig dünsten. Den zerkleinerten Brühwürfel darüber streuen. Den Reis hinzufügen und unter Rühren einige Minuten andünsten. Abwechselnd Prosecco und Brühe angießen und einkochen lassen. So fortfahren, bis der Reis gegart ist.

3 Die Butter zerlassen und die Spargelstücke darin bissfest dünsten. Die Scampi in einer zweiten Pfanne im restlichen Olivenöl kurz braten.

4 Den Spargel, den Mascarpone, den Parmesan und die gehackten Estragonblätter unter den Risotto mischen. Mit Salz, Pfeffer und Zitronensaft abschmecken. Den Risotto auf tiefe Teller verteilen und die Scampi darauf anrichten. Mit Petersilie bestreut servieren.

Zutaten

400 g grüner **Spargel**

16–20 **Scampi** · 2 **Schalotten**

3 EL **Olivenöl** · ½ **Kräuter-Brühwürfel**

200 g **Risottoreis** · ⅛ l **Prosecco**

¾ l heiße **Gemüsebrühe** · 2 EL **Butter**

1 EL **Mascarpone**

30 g frisch geriebener **Parmesan**

1 TL **Estragonblätter**

Salz · **Pfeffer** aus der Mühle

1 EL **Zitronensaft**

1 EL gehackte **Petersilie**

Zutaten

2 große **Auberginen** · **Salz**

500 g **Tomaten** · 2 **Zwiebeln**

2 **Knoblauchzehen**

8 EL **Olivenöl** · 500 g **Hackfleisch**

Pfeffer aus der Mühle

2 TL **Thymianblätter**

4 EL **Butter** · 2 EL **Mehl** · 1/4 l **Milch**

2 **Eigelb** · 30 g geriebener **Kefalatori**

(griechischer Hartkäse) · 2 **Eiweiß**

200 g gegarter **Langkornreis**

200 g **Schafskäse** (Feta;

in Scheiben geschnitten)

Reisauflauf mit Auberginen

Zubereitung

FÜR 6 PERSONEN

1 Auberginen putzen, waschen, in Scheiben schneiden, salzen und 10 Minuten stehen lassen. Tomaten überbrühen, häuten und in Scheiben schneiden. Zwiebeln und Knoblauch schälen, hacken und in 3 EL Olivenöl glasig dünsten. Das Hackfleisch dazugeben und scharf anbraten. Mit Salz, Pfeffer und Thymian würzen.

2 Auberginen trockentupfen, nach und nach im restlichen Öl anbraten. Die Tomaten ebenfalls kurz im Öl schwenken.

3 Den Backofen auf 180 °C vorheizen. 2 EL Butter zerlassen, das Mehl darin anschwitzen, mit Milch aufgießen und unter Rühren 5 Minuten köcheln lassen. Vom Herd nehmen, das Eigelb und den Hartkäse unterrühren. Salzen, pfeffern und das steif geschlagene Eiweiß unterziehen. Reis, Hackfleisch, Auberginen, Tomaten und den Käse abwechselnd in eine gefettete Auflaufform schichten. Mit Béchamelsauce begießen, mit Butterflocken bedecken und im heißen Ofen in 30 Minuten goldbraun backen.

Couscous
mit Gemüse

Eine kulinarische **Entdeckung:** Das nordafrikanische Traditionsgericht ist einfach zuzubereiten und bringt **Abwechslung** auf den Tisch

Zutaten

Salz · 400 g **Couscous**
3 kleine **Zucchini**
4 **Tomaten**
150 g **Kürbisfleisch**
1 kleine **Aubergine**
100 g grüne **Bohnen**
100 g **Weißkohl**
2 **Knoblauchzehen**
1 getrocknete **Chilischote**
3 EL **Butterschmalz**
1 Msp. **Safranpulver**
1/4 l **Gemüsebrühe**
100 g **Kichererbsen** (aus der Dose)
Pfeffer aus der Mühle
einige **Petersilien-** oder **Korianderblätter**

Zubereitung
FÜR 4 PERSONEN

1 Für den Couscous 400 ml Salzwasser zum Kochen bringen. Couscous in eine Schüssel geben, mit dem kochenden Salzwasser übergießen und 5 Minuten quellen lassen. Couscous dabei mit der Gabel auflockern, dann warm stellen.

2 Gemüse putzen und waschen. Zucchini in dickere Stifte schneiden, Tomaten halbieren, entkernen und in Stücke schneiden. Das Kürbisfleisch und die Aubergine in grobe Würfel schneiden. Die Bohnen eventuell in kleinere Stücke brechen, den Weißkohl in Streifen schneiden.

3 Die Knoblauchzehen schälen und fein hacken. Die Chilischote im Mörser fein zerstoßen.

4 Das Butterschmalz in einer großen Pfanne erhitzen. Kürbiswürfel, Bohnen und Weißkohl hineingeben und etwa 4 Minuten dünsten. Knoblauch und Chili hinzufügen und kurz mitdünsten. Dann die Zucchinistifte und Auberginenwürfel dazugeben, zugedeckt bei schwacher Hitze 4 Minuten weiterdünsten.

5 Das Safranpulver in der Gemüsebrühe auflösen und zum Gemüse gießen. Die Tomaten und die Kichererbsen unterheben und weitere 5 Minuten zugedeckt köcheln lassen. Salzen und pfeffern.

6 Den fertigen Couscous auf einer Platte (oder stilecht in einer Tajine) anrichten und das Gemüse darüber geben. Mit Petersilien- oder Korianderblättchen garniert servieren.

Börek
mit Mangold und Walnüssen

Die Füllung ist der Clou: Pikant gewürztes Blattgemüse entfaltet in in einem knusprigen Blätterteigmantel sein ganzes Aroma

Zutaten

500 g **Blätterteig** (tiefgekühlt)

800 g **Mangold**

½ Bund **Frühlingszwiebeln**

175 g **Schafskäse** (Feta)

100 g **Walnusskerne**

6 EL **Olivenöl** · 125 g **Butter**

2 **Eier**

1 TL **Paprikapulver** (edelsüß)

Salz · **Pfeffer** aus der Mühle

5 EL **Milch**

Mehl zum Ausrollen

Fett für das Blech

1 **Eigelb**

Zubereitung

FÜR 4 PERSONEN

1 Die Blätterteigplatten nebeneinander auf einem Küchentuch auftauen lassen. Den Mangold putzen, waschen und grob zerschneiden. Die Frühlingszwiebeln putzen, waschen und fein hacken. Den Schafskäse zerkrümeln. Die Walnusskerne grob hacken.

2 In einer großen Pfanne 3 EL Olivenöl mit 3 EL Butter erhitzen, die Frühlingszwiebeln und Walnüsse darin etwa 3 Minuten dünsten. Den Mangold hinzugeben und 2 Minuten unter Rühren mitdünsten. Dann von der Kochstelle nehmen und abkühlen lassen. Den Schafskäse und 1 Ei unter das Gemüse rühren, mit Paprika, Salz und Pfeffer pikant abschmecken.

3 Die restliche Butter zerlassen, mit 4 EL Milch, 1 Ei und dem restlichen Olivenöl in einer Schüssel vermischen. Die Blätterteigplatten aufeinander legen, dabei jede Platte mit dem Butter-Öl-Gemisch bestreichen. Auf einer leicht bemehlten Arbeitsfläche den Blätterteig zu einem 30 x 40 cm großen Rechteck ausrollen. Den Backofen auf 200 °C vorheizen.

4 Die Mangoldmischung gleichmäßig auf dem Teig verteilen. Die Ränder etwas einschlagen und den Teig längs aufrollen. Das Backblech einfetten. Die Rolle mit der Naht nach unten darauf legen. Das Eigelb mit der restlichen Milch verquirlen und die Rolle damit einpinseln. Die Mangoldrolle im heißen Ofen in etwa 35 Minuten goldbraun backen. Aus dem Ofen nehmen, in etwa 5 cm dicke Scheiben schneiden und sofort servieren.

Fisch und Fleisch

Thunfischsteak
mit Kräutersauce

Sommerlich leichter Fischgenuss: Eine schnell gerührte Kräutersauce gibt gebratenem Thunfisch einen Hauch von Raffinesse

Zutaten

2 **Thunfischsteaks** (à ca. 200 g)

Salz · **Pfeffer** aus der Mühle

1 EL **Zitronensaft**

1 EL **Olivenöl**

1 **Tomate**

1 Bund **Schnittlauch**

3 EL **Butter**

1 EL **Senf** · 3 EL **Sahne**

Cayennepfeffer

1 unbehandelte **Zitrone**

Zubereitung
FÜR 2 PERSONEN

1 Die Thunfischsteaks waschen und trockentupfen, mit Salz und Pfeffer würzen und mit Zitronensaft beträufeln.

2 Das Olivenöl in einer Pfanne erhitzen und die Fischsteaks darin von beiden Seiten jeweils 3 bis 4 Minuten braten.

3 Für die Sauce die Tomate waschen, halbieren, vom Stielansatz befreien und entkernen. Das Fruchtfleisch in feine Würfel schneiden. Den Schnittlauch waschen, trockenschütteln und in Röllchen schneiden. Die Butter in einem Topf zerlassen, den Senf und die Sahne unterrühren. Mit Salz, Pfeffer und Cayennepfeffer pikant abschmecken. Die Tomatenwürfel und die Schnittlauchröllchen unterrühren.

4 Die Zitrone heiß abwaschen, trockenreiben und in Spalten schneiden. Den Thunfisch mit der Sauce und den Zitronenspalten anrichten und nach Belieben mit einer Salatgarnitur servieren.

Damit der Thunfisch beim Braten schön saftig bleibt und nicht austrocknet, wirklich nur kurz braten. Wer möchte, kann den Fisch vor der Zubereitung noch in einer Öl-Zitronen-Mischung marinieren.

Sardinen
gefüllt mit Mangold

Zubereitung
FÜR 4 PERSONEN

1 Die Sardinen kalt abbrausen und gut abtropfen lassen. Die Köpfe abschneiden und die Fische an der Bauchseite öffnen. Die Mittelgräte vorsichtig herausziehen.

2 Das Brötchen in kaltem Wasser einweichen, ausdrücken und zerpflücken. Den Mangold putzen und waschen. In kochendem Salzwasser kurz blanchieren, kalt abschrecken, abtropfen lassen und sehr fein hacken. Den Knoblauch schälen und ebenfalls hacken. Das Basilikum waschen und trockenschütteln, die Blätter fein zerkleinern.

3 Den Backofen auf 240 °C vorheizen. Den Mangold mit Knoblauch, Basilikum, Parmesan und Ei vermischen. Mit Salz und Pfeffer abschmecken. Die Sardinen mit der Mischung füllen.

4 Die Fische nebeneinander in eine feuerfeste Form legen. Mit Olivenöl beträufeln und mit Pinienkernen bestreuen. Die gefüllten Sardinen im heißen Ofen auf der mittleren Schiene etwa 15 Minuten garen. Mit Zitronenscheiben garniert servieren.

Zutaten

700 g frische **Sardinen**

1 altbackenes **Brötchen**

250 g **Mangold** · **Salz**

2 **Knoblauchzehen**

1 Bund **Basilikum**

50 g frisch geriebener **Parmesan**

1 **Ei** · **Pfeffer** aus der Mühle

4 EL **Olivenöl**

1 EL **Pinienkerne**

einige **Zitronenscheiben**

Zutaten

1 kg mittelgroße, geputzte **Tintenfischkörper**

1 altbackenes **Brötchen**

2 **Knoblauchzehen**

4 **Sardellenfilets** (in Öl)

1 Bund glatte **Petersilie**

4 EL **Olivenöl**

1 EL **Zitronensaft**

Salz · **Pfeffer** aus der Mühle

100 ml trockener **Weißwein**

einige **Zitronenscheiben**

Tintenfische gefüllt mit Sardellen

Zubereitung

FÜR 4 PERSONEN

1 Die Tintenfische waschen und trockentupfen, 200 g davon grob zerkleinern. Das Brötchen in kaltem Wasser einweichen. Knoblauch schälen und hacken, Sardellen kalt abspülen. Die Petersilie waschen und trockenschütteln.

2 Das Brötchen ausdrücken und fein zerpflücken. Zusammen mit den zerkleinerten Tintenfischen, dem Knoblauch, den Sardellen und der Petersilie im Mixer fein zerkleinern. Die Masse in eine Schüssel füllen, 2 EL Olivenöl und den Zitronensaft untermischen, mit Salz und Pfeffer pikant würzen. Den Backofen auf 220 °C vorheizen. Die Tintenfische mit der Masse füllen, mit Küchengarn gut zunähen.

3 Die Tintenfische in eine feuerfeste Form setzen, das restliche Olivenöl mit dem Wein vermischen und angießen. Die Tintenfische im heißen Ofen etwa 30 Minuten garen, bis sie weich und schön gebräunt sind. Mit Zitronenscheiben garniert servieren.

Meeresfrüchte mit Spaghetti

Das macht Lust auf Meer: Dampfende Pasta mit Muscheln und Shrimps – für viele Freunde der mediterranen Küche zählt dieses Gericht zu den Favoriten

Zutaten

3 vollreife **Tomaten**

150 g **Venusmuscheln**

150 g **Miesmuscheln**

⅛ l trockener **Weißwein**

1 **Zwiebel**

1 **Knoblauchzehe**

2 EL **Olivenöl**

300 g **Shrimps** (küchenfertig)

Salz · **Pfeffer** aus der Mühle

250 g **Spaghetti**

½ Bund glatte **Petersilie**

Zubereitung

FÜR 4 PERSONEN

1 Die Tomaten waschen, überbrühen, häuten und vierteln. Die Kerne entfernen und das Fruchtfleisch grob hacken.

2 Die Muscheln unter fließendem Wasser gründlich bürsten, geöffnete Muscheln aussortieren. Den Wein aufkochen, die Muscheln hineingeben und bei mittlerer Hitze etwa 8 Minuten garen, bis die Schalen sich geöffnet haben.

3 Zwiebel und Knoblauch schälen und fein hacken. Die Muscheln aus dem Sud nehmen und warm halten. Nicht geöffnete Muscheln wegwerfen.

4 In einer Pfanne das Olivenöl erhitzen, Zwiebeln und Knoblauch darin glasig dünsten. Die Shrimps dazugeben und kurz anbraten, mit Muschelsud ablöschen. Die Tomaten dazugeben und die Sauce 10 Minuten köcheln lassen. Mit Salz und Pfeffer würzen.

5 Inzwischen die Spaghetti in reichlich kochendem Salzwasser nach Packungsanweisung bissfest garen.

6 Petersilie waschen und trockenschütteln. Die Blätter von den Stielen zupfen, fein hacken und – bis auf 1 EL zum Garnieren – unter die Sauce rühren. Die Muscheln in die Sauce geben und nochmals zugedeckt erhitzen. Die Spaghetti in ein Sieb abgießen und unter die Sauce mischen. Mit Petersilie bestreut servieren.

Forellen
in Weißwein

Zubereitung
FÜR 4 PERSONEN

1 Die Forellen waschen und trockentupfen, mit Salz und Pfeffer würzen. Den Knoblauch schälen und fein hacken.

2 Die Möhre waschen, schälen und in kleine Würfel oder Rauten schneiden. Die Kräuter waschen und trockenschütteln, die Blättchen fein hacken.

3 In einer großen Pfanne, in der alle Fische Platz haben, das Olivenöl erhitzen. Den Knoblauch, die vorbereitete Möhre und die Kräuter darin kurz andünsten.

4 Die Forellen dazugeben und kurz auf der Hautseite anbraten. Dann den Wein dazugießen.

5 Die Forellen bei starker Hitze ohne Deckel etwa 20 Minuten garen, dabei einmal wenden. Die Forellen aus dem Sud nehmen und die Filets von der Mittelgräte lösen.

6 Die Forellenfilets mit dem Sud anrichten und nach Belieben mit frischen Kräutern garniert servieren. Dazu passt knuspriges Weißbrot.

Zutaten

4 **Forellen** (küchenfertig)

Salz

Pfeffer aus der Mühle

1 **Knoblauchzehe**

1 große **Möhre**

je einige Stiele **Petersilie,**

Rosmarin und **Oregano**

3 EL **Olivenöl**

3/4 l trockener **Weißwein**

Zutaten

4 **Rotbarben** (à ca. 250 g)

1 ½ unbehandelte **Orangen**

1 **Zitrone**

Salz

Pfeffer aus der Mühle

2 EL **Olivenöl**

⅛ l trockener **Weißwein**

100 g kalte **Butter**

einige **Zitronenscheiben**

Rotbarben
auf sizilianische Art

Zubereitung
FÜR 4 PERSONEN

1 Die Rotbarben vorsichtig schuppen, waschen und sorgfältig trockentupfen.

2 Die Orangen heiß abwaschen und trockenreiben. Die Schale dünn abschälen, in dünne Streifen schneiden und fein hacken. Die Orangen und die Zitrone auspressen.

3 Die Rotbarben mit Salz und Pfeffer würzen. In einer großen Pfanne das Olivenöl erhitzen und die Fische darin auf jeder Seite etwa 4 Minuten braten. Aus der Pfanne nehmen und im heißen Backofen warm halten.

4 Den Bratfond mit Orangen- und Zitronensaft sowie Weißwein ablöschen. Die Sauce etwas einkochen lassen. Die Butter in Stücke schneiden und unterrühren. Mit Salz, Pfeffer und der fein gehackten Orangenschale abschmecken. Die Rotbarben mit der Sauce anrichten und mit halbierten Zitronenscheiben garnieren.

Paella
mit Meeresfrüchten

Bunt gemischt: Bei dem berühmten spanischen Traditionsgericht wandert alles in die Pfanne, was südländische Märkte an **Köstlichkeiten** bieten

Zutaten

230 g **Langkornreis** · **Salz**

75 g **Erbsen** (tiefgekühlt)

1 große rote **Paprikaschote**

1 **Zwiebel** · 2 **Knoblauchzehen**

2 TL **Olivenöl**

einige **Safranfäden**

½ TL **Pimentpulver**

350 g gegartes **Hühnerfleisch**

150 ml **Fisch-** oder **Geflügelfond**

450 g gemischte

Meeresfrüchte (vorgegart)

Pfeffer aus der Mühle

einige **Zitronenscheiben**

Zubereitung
FÜR 4 PERSONEN

1 Den Reis nach Packungsanweisung in Salzwasser garen. Die Erbsen auftauen lassen. Die Paprikaschote längs halbieren und entkernen, die Schotenhälften waschen und in Streifen schneiden. Die Zwiebel und den Knoblauch schälen. Die Zwiebel in feine Würfel schneiden, den Knoblauch fein hacken.

2 Das Olivenöl in einer großen Pfanne erhitzen, die Zwiebeln und den Knoblauch darin andünsten. Die Paprikastreifen hinzufügen und bei schwacher Hitze anbraten.

3 Die Safranfäden grob zerkleinern, mit dem Piment in die Pfanne geben und unter Rühren kurz weitergaren.

4 Das Hühnerfleisch in mundgerechte Stücke teilen, mit dem Fisch- oder Geflügelfond und den Erbsen in die Pfanne geben und alles einige Minuten weiterköcheln lassen.

5 Danach die Meeresfrüchte und den fertig gegarten Reis unterheben und alles 5 Minuten bei mittlerer Hitze weitergaren. Die Paella mit Salz und Pfeffer kräftig abschmecken, mit Zitronenscheiben garniert servieren.

Ihre gelbe Farbe bekommt die Paella durch Safran. Er hält sich trocken und lichtgeschützt jahrelang. Man sollte ihn nicht in zu heiße Speisen geben, da er bei zu viel Hitze sein Aroma verliert.

Miesmuscheln
mit Tomatensauce

Kulinarische Urlaubserinnerung: Frische Muscheln mit aromatischer Tomatensauce wecken Sehnsüchte nach sonnigen Tagen in südlichen Gefilden

Zutaten

1 kg **Miesmuscheln**

Salz

500 g reife **Tomaten**

4 **Knoblauchzehen**

1 Bund **Basilikum**

Pfeffer aus der Mühle

5 EL **Olivenöl**

Zubereitung
FÜR 4 PERSONEN

1 Die Miesmuscheln unter fließendem kaltem Wasser gründlich waschen, bereits geöffnete wegwerfen. Die Muscheln in reichlich kochendes Salzwasser geben und 10 bis 15 Minuten garen. In ein Sieb abgießen und gut abtropfen lassen. Die Muscheln, die sich nicht geöffnet haben, aussortieren.

2 Inzwischen die Tomaten waschen, überbrühen, häuten, halbieren und entkernen. Das Fruchtfleisch in kleine Würfel schneiden.

3 Die Knoblauchzehen schälen und sehr fein hacken. Das Basilikum waschen und trockenschütteln. Die Blätter von den Stielen zupfen und ebenfalls fein hacken.

4 Im Mörser (oder mit einer Gabel) die Tomaten mit Knoblauch, Basilikum, Salz und Pfeffer etwas zerdrücken. Das Olivenöl hinzufügen und gut unterrühren.

5 Die Miesmuscheln auf Tellern anrichten und mit der Tomaten-Basilikum-Sauce beträufeln. Mit frischem Brot servieren.

Sehr gut schmeckt die Tomatensauce auch, wenn Sie statt des Basilikums Petersilie verwenden. Mit einer in feine Streifen geschnittenen Chilischote bekommt die Sauce eine feurige Note.

Kaninchen in Wermutsauce

Exklusives aus dem Bräter: Saftige Kaninchenteile, geschmort in einer raffiniert abgeschmeckten Sauce, garantieren erlesene **Tafelfreuden**

Zutaten

1 **Kaninchen** (ca. 1,4 kg)

Salz · **Pfeffer** aus der Mühle

100 g **Schalotten**

2 **Knoblauchzehen**

je 2 rote und gelbe **Paprikaschoten**

1 EL **Butterschmalz**

3 EL **Olivenöl**

2 Zweige **Estragon**

1 TL **Fenchelsamen**

1/8 l trockener **Wermut**

200 ml **Geflügelfond**

Zubereitung

FÜR 4 PERSONEN

1 Das Kaninchen zerteilen und mit Salz und Pfeffer einreiben. Die Schalotten schälen und längs in Spalten schneiden. Den Knoblauch schälen und in Scheibchen schneiden.

2 Mit dem Sparschäler die Paprikaschoten häuten. Die Schoten halbieren, putzen und waschen, dann längs in Streifen schneiden. Den Backofen auf 180 °C vorheizen.

3 Butterschmalz und Olivenöl in einem Bräter erhitzen und die Kaninchenteile darin bei mittlerer Hitze von allen Seiten goldbraun anbraten. Knoblauch, Schalotten, gewaschenen Estragon und Fenchelsamen dazugeben und kurz mitbraten.

4 Den Wermut und die Hälfte des Fonds zu den Kaninchenteilen geben. Die Paprikastreifen hinzufügen, mit Salz und Pfeffer würzen. Zugedeckt im heißen Ofen etwa 40 Minuten schmoren lassen.

5 Während der Schmorzeit nach und nach den restlichen Fond angießen und die Kaninchenteile nach der Hälfte der Garzeit wenden. Zum Schluss mit Salz und Pfeffer abschmecken. Zu dem Kaninchen in Wermutsauce nach Belieben Bandnudeln oder Kartoffel-Knoblauch-Püree servieren.

Das Kaninchen muss man nicht selbst zerteilen, das macht auch der Händler, bei dem man es kauft. Oder man verwendet Kaninchenteile, z. B. Vorder- und Hinterkeulen sowie Bauchfleisch.

Zickleinkeulen
mit Schmorgemüse

Außen knusprig, innen saftig: Verwöhnen Sie Ihre Gäste einmal mit einem Gericht, das auf Kreta an Festtagen serviert wird

Zutaten

2 **Zickleinkeulen**

(à ca. 700 g; küchenfertig)

Salz · **Pfeffer** aus der Mühle

5 EL **Olivenöl**

500 g **Schalotten** · 6 **Möhren**

6 cl **Weinbrand**

Saft von 1 **Orange**

200 ml **Geflügelbrühe**

1 **Lorbeerblatt**

2 **Knoblauchzehen**

1 TL schwarze **Pfefferkörner**

1 **Zimtstange**

300 g kleine **Cocktailtomaten**

3 Streifen unbehandelte

Orangenschale

1 Zweig **Rosmarin**

3 EL kalte **Butter**

Zubereitung
FÜR 4 PERSONEN

1 Die Zickleinkeulen waschen und trockentupfen, mit Salz und Pfeffer würzen. In einer Pfanne 3 EL Olivenöl erhitzen und die Keulen darin von allen Seiten anbraten. Den Backofen auf 150 °C vorheizen.

2 Schalotten schälen, Möhren waschen und schälen. Die Schalotten längs halbieren, die Möhren längs in Scheiben schneiden. Das restliche Olivenöl in einem Bräter erhitzen und das vorbereitete Gemüse darin andünsten.

3 Das Gemüse mit Weinbrand und Orangensaft ablöschen, die Brühe hinzufügen und die angebratenen Zickleinkeulen mit in den Bräter geben. Im heißen Ofen etwa 1 ½ Stunden zugedeckt garen.

4 Nach etwa 1 Stunde das Lorbeerblatt, die ungeschälten Knoblauchzehen, die Pfefferkörner und die Zimtstange dazugeben. Etwa 5 Minuten vor Garzeitende die gewaschenen Cocktailtomaten, die Orangenschalen und den Rosmarinzweig hinzufügen.

5 Die Zickleinkeulen aus dem Bräter nehmen und warm halten. Gewürze, Orangenschale, Rosmarinzweig und Knoblauchzehen aus der Sauce entfernen. Die Sauce nach Belieben durch ein feines Sieb gießen und noch etwas einkochen lassen. Mit dem Stabmixer die Butter unter die Sauce schlagen.

6 Die Keulen tranchieren und mit dem Schmorgemüse und der Sauce auf vorgewärmten Tellern anrichten.

Stifado mit Zwiebeln

Zubereitung

FÜR 4 PERSONEN

1 Das Fleisch waschen, trockentupfen und in etwa 3 cm große Würfel schneiden. Mit Salz und Pfeffer würzen.

2 Schalotten, Zwiebel und Knoblauchzehe schälen, Zwiebel und Knoblauch in kleine Würfel schneiden.

3 Das Olivenöl erhitzen und das Fleisch darin portionsweise goldbraun anbraten. Zwiebel- und Knoblauchwürfel hinzufügen und glasig dünsten. Lorbeerblätter und Zimt dazugeben, das Tomatenmark unterrühren.

4 Den Essig dazugeben und einkochen lassen, die Fleischbrühe angießen. Zugedeckt bei schwacher Hitze etwa 45 Minuten schmoren lassen.

5 Dann die Schalotten in das Ragout geben. Mit Rotwein aufgießen und erneut einkochen lassen. Bei schwacher Hitze weitere 35 bis 45 Minuten schmoren lassen – Fleisch und Schalotten müssen weich und die Sauce sämig sein. Dazu passen besonders gut Reisnudeln oder Fladenbrot.

Zutaten

600 g **Rindfleisch** (aus der Unterschale oder Nuss)

Salz · **Pfeffer** aus der Mühle

800 g **Schalotten**

1 **Zwiebel** · 1 **Knoblauchzehe**

5 EL **Olivenöl**

2 **Lorbeerblätter**

½ TL **Zimtpulver**

2 EL **Tomatenmark**

2 EL **Rotweinessig**

⅛ l **Fleischbrühe**

¼ l trockener **Rotwein**

Zutaten

700 g **Kalbfleisch**

(aus Schulter oder Nacken)

200 g **Tomaten**

1 Zweig **Rosmarin**

5 **Salbeiblätter**

1 **Zwiebel**

2 **Knoblauchzehen**

3 EL **Olivenöl**

1 **Lorbeerblatt**

1/8 l trockener **Weißwein**

50 g grüne **Oliven** (ohne Stein)

Salz · **Pfeffer** aus der Mühle

Kalbsragout mit Kräutern und Oliven

Zubereitung

FÜR 4 PERSONEN

1 Das Fleisch waschen, trockentupfen und in Würfel schneiden. Die Tomaten waschen, überbrühen, häuten, halbieren, entkernen und klein schneiden. Rosmarin und Salbei waschen und trockentupfen, die Rosmarinnadeln von den Stielen zupfen und mit den Salbeiblättern grob zerkleinern. Die Zwiebel und den Knoblauch schälen und hacken.

2 Das Olivenöl erhitzen und das Fleisch darin portionsweise kräftig anbraten, dann wieder herausnehmen.

3 Zwiebeln, Knoblauch, Rosmarin, Salbei und das Lorbeerblatt im Bratfett glasig dünsten. Die Fleischwürfel wieder dazugeben, die Tomatenstücke, den Wein und die Oliven hinzufügen.

4 Das Ragout mit Salz und Pfeffer pikant abschmecken. Zugedeckt bei schwacher Hitze etwa 40 Minuten schmoren lassen. Das Fleisch mit der Sauce anrichten und nach Belieben mit geröstetem Knoblauchbrot servieren.

Kalbshaxe

Mailänder Art

Buonissimo: Das klassische Ossobuco bekommt durch eine Gremolata aus Knoblauch, Zitrone und Petersilie eine raffinierte Würze

Zutaten

3 **Möhren**

3 Stangen **Staudensellerie**

400 g **Tomaten**

2 **Zwiebeln**

2 **Knoblauchzehen**

1 Bund glatte **Petersilie**

4 Scheiben **Kalbshaxe**

etwas **Mehl** zum Wenden

3 EL **Olivenöl**

etwa 1/4 l **Fleischbrühe**

Salz · **Pfeffer** aus der Mühle

Für die Gremolata:

1 Stück unbehandelte **Zitronenschale**

1 **Knoblauchzehe**

1/2 Bund glatte **Petersilie**

Zubereitung

FÜR 4 PERSONEN

1 Möhren und Sellerie schälen bzw. putzen, waschen und in kleine Würfel schneiden. Die Tomaten überbrühen, häuten, halbieren, entkernen und ebenfalls in kleine Würfel schneiden.

2 Die Zwiebeln und den Knoblauch schälen und fein hacken. Die Petersilie waschen und trockenschütteln, die Blätter von den Stielen zupfen und ebenfalls fein hacken.

3 Die Kalbshaxe waschen, trockentupfen und in Mehl wenden. Das Olivenöl in einem Schmortopf erhitzen und die Fleischscheiben darin von beiden Seiten kräftig anbraten und wieder herausnehmen. Das Gemüse – bis auf die Tomatenwürfel – und die Petersilie im Bratfett einige Minuten andünsten.

4 Die Fleischscheiben wieder zu dem Gemüse in den Topf geben. Die Hälfte der Fleischbrühe mit den Tomatenwürfeln verrühren, salzen, pfeffern und über das Fleisch gießen. Zugedeckt bei schwacher Hitze etwa 1 1/2 Stunden schmoren lassen, bis sich das Fleisch vom Knochen zu lösen beginnt. Dabei nach und nach die restliche Fleischbrühe angießen.

5 Inzwischen für die Gremolata die Zitronenschale sehr fein hacken. Den Knoblauch schälen und ebenfalls fein zerkleinern. Die Petersilie waschen und trockenschütteln, die Blätter von den Stielen zupfen und fein hacken. Diese Zutaten miteinander vermischen.

6 Die Fleischscheiben auf vorgewärmte Teller verteilen und mit der Gremolata bestreut servieren. Dazu passen kräftiges Landbrot, Bandnudeln oder Reis.

Schweinebraten mit Kräutern

Das duftet nach Fenchel und Rosmarin: Der berühmte Klassiker der toskanischen Küche lässt Feinschmeckern das Wasser im Mund zusammenlaufen

Zutaten

1 kg **Schweineschulter**

1 unbehandelte **Zitrone**

3 Zweige **Rosmarin**

3 **Knoblauchzehen**

2 EL **Olivenöl**

1 TL **Fenchelsamen**

1 Prise **Nelkenpulver**

Salz

Pfeffer aus der Mühle

Zubereitung

FÜR 4–6 PERSONEN

1 Den Backofen auf 200 °C vorheizen. Die Schweineschulter waschen und trockentupfen.

2 Die Zitrone heiß abwaschen und trockenreiben, die Schale fein abreiben. Den Rosmarin waschen und trockenschütteln. Die Nadeln von den Stielen zupfen und etwa ein Drittel davon hacken. Den Knoblauch schälen und fein hacken.

3 Zitronenschale, Knoblauch, Olivenöl und gehackte Rosmarinnadeln in einer Schüssel mit Fenchelsamen, Nelkenpulver, Salz und Pfeffer gründlich mischen.

4 Das Fleisch rundum an mehreren Stellen etwa 1 cm tief einstechen, jeweils eine Messerspitze von der Gewürzmischung hineinfüllen. Den Braten mit Küchengarn fest zu einem Rollbraten verschnüren. Salzen und pfeffern, dann die restliche Würzmischung und die restlichen Rosmarinnadeln darauf verteilen.

5 Den Braten auf den Backofenrost legen, eine Fettpfanne darunter schieben, um den Bratensaft aufzufangen. Das Fleisch im heißen Ofen etwa 2 Stunden garen, dabei öfter wenden und mit dem austretenden Bratensaft beträufeln.

Wenn man zerkleinerte Kartoffeln oder auch Gemüse wie Möhren oder Zucchini im Backofen in der Fettpfanne mitschmort, hat man ohne viel Mühe auch gleich eine köstliche Beilage.

Poulardenbrust
mit Zitronenstreifen

Zubereitung
FÜR 2 PERSONEN

1 Die Poulardenbrüste waschen und trockentupfen. Mit Salz, Pfeffer, Anisschnaps und Fenchelsamen einreiben. Den Backofen auf 220 °C vorheizen.

2 Die Butter und das Olivenöl in einem Bräter erhitzen, die Poulardenbrüste zunächst darin wenden und dann mit der Hautseite nach unten in den Bräter legen. Das Fleisch im heißen Ofen etwa 50 Minuten garen. Nach der Hälfte der Garzeit die Poulardenbrüste wenden, gelegentlich mit dem Bratensaft bepinseln.

3 Die Zitrone heiß abwaschen und trockenreiben. Die Schale mit einem Zestenreißer in feinen Streifen abziehen. Das Basilikum waschen und trockenschütteln. Die Blätter von den Stielen zupfen und in feine Streifen schneiden.

4 Die Poulardenbrüste aus dem Backofen nehmen, zum Servieren schräg aufschneiden und mit den Zitronenschalen- und Basilikumstreifen garniert servieren. Dazu schmeckt Ciabatta oder frisch aufgebackenes Baguette.

Zutaten

2 **Poulardenbrüste**

Salz · **Pfeffer** aus der Mühle

2 EL **Anisschnaps**

1 TL **Fenchelsamen**

3 EL **Butter**

3 EL **Olivenöl**

1 unbehandelte **Zitrone**

einige Stiele **Basilikum**

Zutaten

4 **Wachteln** (à ca. 180 g; küchenfertig)

Salz · **Pfeffer** aus der Mühle

4 Scheiben grüner **Speck**

4 eingelegte **Weinblätter**

140 g kalte **Butter**

100 ml **Portwein**

200 ml **Hühnerbrühe**

einige **Zitronenscheiben**

Wachteln mit Portwein

Zubereitung

FÜR 4 PERSONEN

1 Die Wachteln waschen und trockentupfen, mit Salz und Pfeffer würzen. Jede Wachtel mit 1 Speckscheibe und 1 Weinblatt umhüllen und alles mit Küchengarn sorgfältig festbinden.

2 In einem Bräter 40 g Butter zerlassen und die Wachteln darin von allen Seiten goldbraun braten. Das überschüssige Fett abgießen, den Portwein dazugeben und die Wachteln zugedeckt etwa 20 Minuten schmoren lassen.

3 Die Wachteln aus dem Bräter nehmen und warm stellen. Den Bratenfond mit der Hühnerbrühe aufgießen und etwas einkochen lassen.

4 Die restliche kalte Butter in Flöckchen schneiden und zum Binden mit dem Schneebesen unter die Portweinsauce schlagen. Die Wachteln mit der Sauce anrichten und mit Zitronenscheiben garniert servieren. Dazu passt Polenta oder knuspriges Weißbrot.

Lammpfanne
mit Gemüse

Die Kombination macht's: Bei dieser deftigen Lammpfanne sind die Aromen der einzelnen Zutaten perfekt aufeinander abgestimmt

Zutaten

500 g **Lammfleisch**
(aus der Keule)
400 g **Zucchini** · 500 g **Kartoffeln**
1 kleine Dose große weiße **Bohnen**
(250 g Abtropfgewicht)
1 **Zwiebel** · 1 **Knoblauchzehe**
3 EL **Olivenöl**
Salz · **Pfeffer** aus der Mühle
1 kleine Dose geschälte **Tomaten**
(250 g Abtropfgewicht)
200 ml trockener **Weißwein**
1 Zweig **Rosmarin**
1 Zweig **Thymian**

Zubereitung
FÜR 4 PERSONEN

1 Das Lammfleisch in etwa 2 cm große Würfel schneiden. Zucchini und Kartoffeln putzen und waschen. Die Zucchini in Scheiben schneiden, die Kartoffeln schälen und in etwa 2 cm große Würfel schneiden.

2 Die Bohnen in einem Sieb abtropfen lassen. Die Zwiebel und den Knoblauch schälen. Die Zwiebel in Ringe schneiden, den Knoblauch fein hacken.

3 In einer großen Pfanne 1 EL Olivenöl erhitzen, die Fleischwürfel darin portionsweise rasch anbraten. Salzen und pfeffern, aus der Pfanne nehmen und beiseite stellen.

4 Dann die Zucchinischeiben in 1 EL Olivenöl kurz anbraten, die Hälfte des Knoblauchs dazugeben, salzen und pfeffern. Herausnehmen und beiseite stellen.

5 Im restlichen Öl die Kartoffelwürfel 10 Minuten anbraten. Dann die Zwiebelringe hinzufügen und 5 Minuten weiterbraten. Zum Schluss die Tomaten und die weißen Bohnen untermischen, den Wein angießen und alles aufkochen lassen.

6 Die Kräuter waschen und trockentupfen. Die Nadeln bzw. Blättchen von den Stielen zupfen und klein hacken. Die Fleischwürfel, die Zucchini, den restlichen Knoblauch und die Kräuter in die Pfanne geben, 10 Minuten schmoren lassen. Mit Salz und Pfeffer abschmecken und servieren.

Desserts

Feigen in Honigwein
mit Schafskäse

Reizvolles Kontrastprogramm: Süße Feigen, mit pikantem Käse überbacken – mit diesem Dessert ernten Sie bei Ihren Gästen garantiert Komplimente

Zutaten

500 g frische **Feigen**

Saft von 1 **Orange**

1/4 l **Weißwein**

4 cl **Weinbrand**

1 EL **Honig** · 1 EL **Zucker**

4 **Gewürznelken**

1/2 unbehandelte **Orange**

3 **Zimtstangen**

2 **Lorbeerblätter**

250 g **Schafskäse** (Feta)

100 g **Mehl**

1 TL **Paprikapulver** (edelsüß)

Salz · 50 g **Sesamsamen**

Olivenöl zum Frittieren

Zubereitung
FÜR 4 PERSONEN

1 Den Backofen auf 170 °C vorheizen. Die Feigen vorsichtig waschen, mit der Gabel mehrmals einstechen und in eine große feuerfeste Form setzen. Orangensaft, 100 ml Weißwein, Weinbrand, Honig, Zucker und Gewürznelken zu einer Marinade verrühren und über die Feigen gießen.

2 Die Orange heiß abwaschen und trockenreiben. Die Schale mit einem scharfen Messer hauchdünn abschälen und in größere Streifen schneiden. Mit den Zimtstangen und den Lorbeerblättern zwischen die Feigen in die Marinade legen. Die Feigen mit Alufolie abdecken und im Backofen etwa 15 Minuten garen.

3 Den Schafskäse in 1 bis 2 cm große Würfel schneiden. Das Mehl mit Paprikapulver, 1 Prise Salz und dem Sesam vermischen. Die Käsewürfel zunächst in der Mehlmischung, dann im restlichen Weißwein und wieder im Mehl wenden.

4 In eine Pfanne 1 cm hoch Olivenöl füllen und auf etwa 170 °C erhitzen. Die panierten Käsewürfel darin hellgelb frittieren. Aus der Pfanne nehmen und auf Küchenpapier abtropfen lassen.

5 Die Feigen mit etwas Schmorflüssigkeit und einigen Käsewürfeln auf vorgewärmten Tellern anrichten.

Kastaniencrêpes
mit marinierter Melone

Fruchtig-frischer Genuss: Mit hauchdünnen Crêpes aus Kastanienmehl schmecken die raffiniert eingelegten Melonenkugeln noch mal so gut

Zutaten

3 TL **Zucker**

1 **Sternanis** · ½ **Zimtstange**

Mark von 1 **Vanilleschote**

1 TL **Honig** · 4 cl **Orangenlikör**

½ **Kantalup-** oder **Honigmelone**

30 g fein gehacktes **Zitronat**

70 g **Mehl**

40 g **Kastanienmehl**

¼ l **Milch** · 3 **Eier**

Salz · 2 EL **Butter**

Öl zum Ausbacken

Zubereitung

FÜR 4 PERSONEN

1. In einem Topf 100 ml Wasser mit 1 TL Zucker, dem Sternanis, der Zimtstange und der Hälfte des Vanillemarks aufkochen. Den Topf vom Herd nehmen, den Honig und den Orangenlikör unter den Sirup mischen.

2. Die Melone entkernen und aus dem Fruchtfleisch mit einem Ausstecher Kugeln formen. Mit dem Zitronat in den Sirup legen und bei Zimmertemperatur mindestens 30 Minuten ziehen lassen.

3. Für den Teig die beiden Mehlsorten mit Milch, Eiern, dem restlichen Zucker, etwas Salz und dem restlichen Vanillemark zu einem glatten Teig verrühren. Die Butter in einem kleinen Topf schmelzen und bräunen lassen, dann unter den Teig rühren. Den Teig 30 Minuten ruhen lassen.

4. Den Teig in einer beschichteten Pfanne in wenig Öl portionsweise zu hauchdünnen Pfannkuchen ausbacken, zu Dreiecken falten und warm stellen.

5. Die marinierte Melone mit den Crêpes auf vorgewärmten tiefen Tellern anrichten und sofort servieren.

Noch feiner schmecken die Melonen, wenn man zusätzlich zu dem Orangenlikör und dem Honig noch 1 TL Orangenblütenwasser (aus der Apotheke) unter die Marinade rührt.

Orangencreme mit Pistazien

Zubereitung

FÜR 4 PERSONEN

1 Die Gelatine in kaltem Wasser einweichen. Eigelb, Puderzucker und Orangenlikör cremig rühren. Den Orangensaft und drei Viertel der Pistazienkerne dazugeben.

2 Die Gelatine ausdrücken und in einem Topf bei schwacher Hitze auflösen. Etwas von der Orangencreme mit der Gelatine verrühren.

3 Dann die restliche Creme dazugeben, alles sorgfältig vermischen und im Kühlschrank kalt stellen.

4 Die Sahne steif schlagen und kurz vor dem Gelieren etwa drei Viertel der Sahne vorsichtig unter die Creme ziehen. Die Orangencreme in Förmchen füllen und etwa 2 bis 3 Stunden kalt stellen.

5 Die Orange gründlich schälen, sodass auch die weiße Haut vollständig entfernt wird. Das Fruchtfleisch in dünne Scheiben schneiden. Die Orangencreme aus den Förmchen stürzen, mit den Orangenscheiben, der restlichen Sahne und den Pistazienkernen garniert servieren.

Zutaten

5 Blatt weiße **Gelatine**

4 **Eigelb**

100 g **Puderzucker**

2 cl **Orangenlikör**

¼ l frisch gepresster **Orangensaft**

25 g gehackte **Pistazienkerne**

250 g **Sahne**

1 **Orange**

Zutaten

4 **Eigelb**

40 g **Zucker**

100 ml **Marsala**

(ersatzweise trockener Weißwein)

Saft und Schale von

1 unbehandelten **Zitrone**

1 Prise **Zimtpulver**

16 **Amaretti**

Zabaione
mit Amaretti

Zubereitung
FÜR 4 PERSONEN

1 Eigelb mit dem Zucker in einer Edelstahlschüssel mit dem Schneebesen sehr schaumig schlagen. Marsala oder Weißwein, Zitronenschale und Zimt dazugeben.

2 Die Schüssel in ein warmes Wasserbad stellen und die Creme mit dem Schneebesen so lange schlagen, bis die Masse dickschaumig ist und sich das Volumen etwa verdoppelt hat. Über eine Schüssel mit Eiswasser stellen und die Creme unter gelegentlichem Rühren erkalten lassen.

3 Die Zabaione mit etwas Zitronensaft abschmecken und in vier Sekt- oder Dessertschalen verteilen. Die Amaretti auf die Creme setzen, nach Belieben mit Zimtpulver bestäuben und mit Blüten, Zitronenmelisseblättchen oder frischen Früchten (z. B. Weintrauben) garniert servieren. Man kann die Zabaione auch warm servieren: Dann die Creme nicht über Eiswasser kalt rühren, sondern bis zum Servieren im Wasserbad bei kleinster Hitze warm halten.

Quarkkuppel
à la cassata siziliana

Ein Dessert zum Dahinschmelzen: Diese üppige Quarktorte aus Sizilien ist für Naschkatzen der krönende Abschluss eines italienischen Menüs

Zutaten

100 g gemischte
kandierte **Früchte**
4 cl **Orangenlikör**
30 g geschälte **Mandeln**
30 g **Pistazienkerne**
30 g **Pinienkerne**
50 g **Zartbitterschokolade**
3 Blatt weiße **Gelatine**
200 g **Zucker**
2 EL **Vanillezucker**
750 g **Ricotta** · 250 g **Sahne**

Zubereitung

FÜR 8 PERSONEN

1 Die kandierten Früchte in kleine Würfel schneiden – je bunter die Mischung ist, desto hübscher sieht die Cassata aus. Die Würfel mit dem Likör begießen und gut durchziehen lassen. Mandeln, Pistazien, Pinienkerne und die Schokolade grob hacken.

2 Die Gelatine in kaltem Wasser einweichen. Zucker, Vanillezucker und 5 EL Wasser in einer Kasserolle unter Rühren sirupartig einkochen lassen. Den Sirup mit dem Ricotta zu einer glatten Masse verrühren. Die Gelatine gut ausdrücken und in einem kleinen Topf bei schwacher Hitze auflösen. Zunächst 2 EL der Ricotta-Mischung unter die Gelatine rühren, dann mit dem restlichen Ricotta gründlich vermischen. Zum Schluss die kandierten Früchte mit der Einweichflüssigkeit, den Nüssen und der Schokolade unterrühren.

3 Eine Kuppelform (etwa 1 1/2 l Inhalt) mit kaltem Wasser ausspülen. Die Masse in die Form füllen und die Oberfläche glatt streichen. Abgedeckt einige Stunden im Kühlschrank fest werden lassen. Kurz vor dem Servieren die Sahne steif schlagen. Die Cassata aus der Form stürzen und mit der Sahne verzieren. Nach Belieben mit kandierten Früchten kunstvoll garnieren.

Statt mit Ricotta können Sie dieses Dessert auch mit Schichtkäse oder Magerquark zubereiten. Köstlich schmeckt die Quarkkuppel mit einer Erdbeer- oder Himbeersauce.

Crema catalana
mit Zimt und Muskat

Zubereitung
FÜR 4 PERSONEN

1 Den Backofen auf 150 °C vorheizen. Ein tiefes Backblech 2 cm hoch mit Wasser füllen und in den Ofen schieben.

2 Die Milch mit Sahne, Orangenschale, Vanilleschote und Zimtstange zum Kochen bringen. Einmal aufkochen lassen, den Topf vom Herd ziehen, Orangenschale, Vanilleschote und Zimtstange wieder herausnehmen.

3 Eigelb und Zucker hellschaumig aufschlagen. Dann langsam die Milch-Sahne-Mischung darunter rühren und durch ein feines Sieb gießen. Die Masse vorsichtig in feuerfeste Förmchen füllen, dabei sollte kein Schaum an der Oberfläche entstehen.

4 Die Förmchen so in das Wasserbad stellen, dass sie zur Hälfte im Wasser stehen. Die Eiermasse im Ofen etwa 1 Stunde stocken lassen. Die Förmchen herausnehmen, die Creme auskühlen lassen. Den Backofengrill vorheizen. Die Creme mit etwas Muskat und braunem Zucker bestreuen und unter dem Grill karamellisieren lassen.

Zutaten

300 ml **Milch**

200 g **Sahne**

2 kleine Streifen unbehandelte **Orangenschale**

½ aufgeschlitzte **Vanilleschote**

1 **Zimtstange**

5 **Eigelb** · 50 g **Zucker**

frisch geriebene **Muskatnuss**

3 TL brauner **Zucker**

Zutaten

250 g **Sahne**

2 **Eiweiß**

80 g **Zucker**

2 EL **Crème double**

4 cl **Pedro Ximénez**

(oder Cream Sherry)

50 g geschälte gemahlene **Mandeln**

Kakaopulver zum Bestäuben

Eissoufflé
Pedro Ximénez

Zubereitung
FÜR 4 PERSONEN

1 Die Sahne steif schlagen. Die Eiweiß ebenfalls steif schlagen, dabei nach und nach den Zucker einrieseln lassen. Die Masse muss glänzend und schnittfest sein.

2 Sahne, Crème double, Sherry und die Mandeln mit einem Teigspachtel vermischen. Den Eischnee darunter heben.

3 Vier Souffléförmchen mit Pergamentpapier umwickeln. Dafür das Papier doppelt falten und einen Streifen schneiden, der etwa 3 cm höher als die Förmchen ist. Die Förmchen umwickeln, die Enden mit einem Klebestreifen festkleben. Die Masse 2 cm über den Förmchenrand einfüllen und 3 Stunden in das Tiefkühlgerät stellen.

4 Die Förmchen mindestens 15 Minuten vor dem Servieren aus dem Tiefkühlgerät nehmen. Die Eissoufflés jeweils dick mit Kakaopulver bestäuben und die Papiermanschetten entfernen.

Torroneparfait
auf Orangenscheiben

Das zergeht auf der Zunge: Bei diesem unwiderstehlichen Parfait wird niemand auch nur einen Gedanken ans Kalorienzählen verschwenden

Zutaten

100 g geschälte **Mandeln**

50 g **Pistazienkerne**

3 EL **Puderzucker**

80 g kandierte **Kirschen**

50 g **Zartbitterschokolade**

600 g **Zucker**

4 **Eigelb** · 2 **Eier**

Mark von ½ **Vanilleschote**

4 **Eiweiß** · 2 EL **Honig**

500 g **Sahne**

1 aufgeschlitzte **Vanilleschote**

4 cl **Orangenlikör**

3 unbehandelte **Orangen**

Zubereitung

FÜR 8–10 PERSONEN

1. Die Mandeln und Pistazien grob hacken. In einer kleinen Pfanne mit dem Puderzucker bestäuben, hell karamellisieren und auf einem Teller auskühlen lassen. Die kandierten Kirschen und die Schokolade klein schneiden.

2. In einem kleinen Topf 180 g Zucker mit 50 ml Wasser aufkochen lassen. Eigelb, Eier und Vanillemark schaumig schlagen. Den noch heißen Zuckersirup unter Rühren dazugießen und so lange weiterschlagen, bis eine kalte, dickschaumige Masse entstanden ist.

3. Eiweiß mit 4 TL Zucker und dem Honig zu einem festen Schnee schlagen. Die Sahne steif schlagen, mit dem Eischnee mischen und ein Drittel davon unter die Schaummasse rühren. Den Rest zusammen mit Mandeln, Pistazien, Kirschen und Schokolade unterheben.

4. Eine Kastenform (1 ½ l Inhalt) mit Klarsichtfolie auslegen, die Masse einfüllen und glatt streichen. Einen entsprechend breiten Streifen Backpapier auf die Creme legen. Die Form in das Tiefkühlgerät stellen und vollkommen durchfrieren lassen.

5. 300 ml Wasser mit 400 g Zucker, der Vanilleschote und dem Orangenlikör sirupartig einkochen. Die Orangen in Scheiben schneiden, die Scheiben mindestens 2 Stunden in dem Sirup ziehen lassen.

6. Das Parfait 30 Minuten vor dem Servieren aus dem Tiefkühlfach nehmen und im Kühlschrank temperieren. Erst dann in Scheiben schneiden und auf den Orangenscheiben anrichten.

Zimtcreme
mit Portweinfeigen

Süße **Verführung:** Wenn Sie dieses Dessert schon einen Tag im Voraus zubereiten, können die fein marinierten Feigen ihr **Aroma** besonders gut entfalten

Zutaten

1 **Vanilleschote**

6 **Zimtstangen** · 500 g **Sahne**

5 Blatt weiße **Gelatine**

6 **Eigelb**

80 g **Zucker**

2 cl **Cognac**

½ TL **Zimtpulver**

4 **Eiweiß**

8 frische **Feigen**

200 ml weißer **Portwein**

Saft von ½ **Zitrone**

50 g **Zucker**

1 TL **Speisestärke**

Zubereitung

FÜR 6–8 PERSONEN

1 Die Vanilleschote aufschlitzen und mit den Zimtstangen und der Sahne in einem Topf bei schwacher Hitze 10 Minuten ziehen lassen. Die Gelatine in kaltem Wasser einweichen. Eigelb mit Zucker, Cognac und Zimt cremig aufschlagen. Die warme Sahne durch ein feines Sieb gießen und auffangen. Die Gelatine gut ausdrücken und in der Sahne auflösen. Die Mischung langsam unter die Eiermasse rühren.

2 Die Creme in einer Schüssel mit Eiswasser unter Rühren erkalten lassen, dann 15 Minuten kalt stellen, bis die Masse zu gelieren beginnt. Das Eiweiß steif schlagen und unter die Creme ziehen. Die Masse in Förmchen füllen, abgedeckt im Kühlschrank einige Stunden fest werden lassen.

3 Von den Feigen mit einem spitzen Messer die Haut abziehen, die Früchte längs in Scheiben schneiden. Portwein, Zitronensaft, Zucker und Stärke verrühren und aufkochen lassen. Über die Feigen geben und die Früchte einige Stunden abgedeckt marinieren. Die Creme aus den Förmchen stürzen, mit den Feigen und der Marinade servieren.

Sollten Sie keinen Portwein im Haus haben, können Sie die Feigen auch mit Sherry oder Orangenlikör marinieren. Statt Feigen eignen sich auch pochierte Dattel- oder Mangoscheiben.

Rezeptregister

Börek mit Mangold und Walnüssen 50
Brotsalat mit Tomaten und Zwiebeln 26
Bruschetta mit Tomaten 18
Couscous mit Gemüse 48
Crema catalana mit Zimt und Muskat 90
Crostini mit Avocado 19
Eissoufflé Pedro Ximénez 91
Feigen in Honigwein mit Schafskäse 82
Forellen in Weißwein 60
Gazpacho mit Paprika und Tomaten 12
Gefüllte Tomaten mit Couscous 22
Grüne Lasagne mit Tomaten und Mozzarella 42
Kalbshaxe Mailänder Art 72
Kalbsragout mit Kräutern und Oliven 71
Kaninchen in Wermutsauce 66
Kastaniencrêpes mit marinierter Melone 84
Kichererbsenmus mit Gurken und Oliven 25
Lammpfanne mit Gemüse 78
Linguine mit Tomatensauce 41
Meeresfrüchte mit Spaghetti 58
Meeresfrüchtesalat mit Schalottenessig 29
Miesmuscheln mit Tomatensauce 64
Mini-Polenta-Pizzen mit Pilzen und Paprika 36
Nizza-Salat mit Kapern und Eiern 28
Orangencreme mit Pistazien 86
Paella mit Meeresfrüchten 62
Paprika-Omelett mit Tomaten und Oliven 20
Poulardenbrust mit Zitronenstreifen 76
Pizza mit Artischocken 34
Quarkkuppel à la cassata siziliana 88
Reisauflauf mit Auberginen 47
Ribollita mit Parmesanbrot 16
Risotto mit Spargel und Garnelen 46
Rotbarben auf sizilianische Art 61
Sardinen gefüllt mit Mangold 56
Schweinebraten mit Kräutern 74
Spaghetti mit Pesto 40
Spinat-Joghurt-Suppe mit Paprikabutter 14
Spinatstrudel mit Schafskäse 44
Stifado mit Zwiebeln 70
Thunfischsteak mit Kräutersauce 54
Tintenfische gefüllt mit Sardellen 57
Torroneparfait auf Orangenscheiben 92
Türkische Pizza mit Hackfleisch 38
Wachteln mit Portwein 77
Weinblätter mit Hackfleischfüllung 24
Zabaione mit Amaretti 87
Zickleinkeulen mit Schmorgemüse 68
Zimtcreme auf Portweinfeigen 94
Zuckerschotensalat mit Orangen und Oliven 30

Impressum

1. Auflage 2001
ISBN 3-932023-86-2

Grafische Gestaltung: Georg Feigl, Verena Fleischmann, Barbara Markwitz
DTP: Katharina Wiethaus
Rezepte: ZS-Team
Redaktion: Kathrin Ullerich, Petra Bachmann
Herstellung: Karin Mayer, Peter Karg-Cordes
Lithografie: inteca Media Service GmbH, Rosenheim
Druck & Bindung: Officine Grafiche De Agostini, Novara

Besuchen Sie uns auch im Internet unter der Adresse
www.zsverlag.de

Bildnachweis

Umschlagfotos: StockFood/Caggiano Photography (Vorderseite); Christian R. Schulz (Rückseite l. und r.); StockFood/Martina Urban (Rückseite Mitte)

Walter Cimbal: 7 (2. v. l. o.), 9 (o., Mitte), 13, 46, 69; Christian R. Schulz: 80–81, 83, 85, 90, 93; StockFood/Chris Alack: 55; StockFood/Harry Bischof: 39, 79; StockFood/Michael Brauner: 23; StockFood/Caggiano Photography: 52–53, 59; StockFood/Tom Eckerle: 7 l. o.; StockFood/Pete A. Eising: 49; StockFood/Susie Eising: 7 (3. v. o. l.), 7 r. u., 9 (o., u.), 10–11, 17, 19, 21, 24, 28, 29, 31, 32–33, 40, 41, 43, 45, 47, 56, 57, 60, 70, 71, 86, 87, 89, 91, 95; StockFood/S. & P. Eising: 2–3, 4–5, 7 u. l., 25, 61, 67, 73, 75, 77; StockFood/Len Mastri: 65; StockFood/Karl Newedel: 6 r.; StockFood/Antje Plewinski: 15, 51; StockFood/Thom DeSanto: 7 r. o.; Stock Food/Maximilian Stock Ltd.: 6 l.; StockFood/Martina Urban: 35; StockFood/Elizabeth Watt: 27; StockFood/Jan-Peter Westermann: 76; StockFood/Frank Wieder: 18, 37, 63; StockFood/Zabert Sandmann Verlag: 8